디모데 전략
Operation Timothy Global

2

저자_ CBMC USA
역자_ 북미주 KCBMC LOL 사역팀
북미주 KCBMC 사역지원센터

삶의 기초

쿰란출판사

2. 디모데 전략 Operation Timothy Global 삶의 기초

1판 1쇄 인쇄 _ 2025년 6월 20일
1판 1쇄 발행 _ 2025년 6월 25일

지은이 _ CBMC USA
옮긴이 _ 북미주 KCBMC LOL 사역팀
　　　　북미주 KCBMC 사역지원센터
　　　　1012 Mac Arthur Drive Suite 172 Carrollton, TX 75007
　　　　홈페이지 http://www.kcbmc.org

펴낸이 _ 이형규
펴낸곳 _ 쿰란출판사
주소 _ 서울특별시 종로구 이화장길 6
편집부 _ 745-1007, 745-1301~2, 743-1300
영업부 _ 747-1004, FAX 745-8490
본사평생전화번호 _ 0502-756-1004
홈페이지 _ http://www.qumran.co.kr
E-mail _ qrbooks@daum.net / qrbooks@gmail.com
한글인터넷주소 _ 쿰란, 쿰란출판사
페이스북 _ www.facebook.com/qumranpeople
인스타그램 _ www.instagram.com/qrbooks
등록 _ 제1-670호(1988.2.27)
책임교열 _ 이화정·김영미

ⓒ CBMC USA 2025   ISBN 979-11-94464-73-0   03230

책값은 뒤표지에 있습니다.
이 출판물은 저작권법에 의해 보호를 받는 저작물이므로 무단 복제할 수 없습니다.
파본(破本)은 구입처에서 교환해 드립니다.

디모데 전략
Operation Timothy Global

2권

삶의 기초

제1과 그리스도 안에서의 새로운 삶 _4
제2과 우리의 새로운 정체성 탐구하기 _19
제3과 세상, 육체 그리고 사탄과 싸우기 _34
제4과 유혹 다루기 _53
제5과 성령 발견하기 _68
제6과 하나님과의 소통 _82
제7과 다른 사람들에게 우리의 이야기를 전하기 _101

그리스도 안에서의 새로운 삶

멜 피셔는 그의 인생의 황금기를 아토차 호의 침몰한 보물을 찾는 데 바쳤습니다. 아토차 호는 1622년에 침몰했습니다. 그는 20년 동안 그 보물을 찾기 위해 싸우고 꿈을 꾸었습니다. 채권자들, 대법원, 그리고 널리 퍼진 의심과 싸웠습니다. 그에게 최악의 상황은 그의 아들이자 동료 보물 사냥꾼인 더크가 난파선을 찾다가 사망했을 때였습니다. 그러나 마침내 1985년, 피셔는 4억 5천만 달러에 달하는 고대의 금, 은, 보석 등 47톤에 달하는 보물을 발견했습니다.

우리가 그리스도 안에 믿음을 두면, 우리도 인생에서 가장 소중한 보물을 발견하게 됩니다. 믿음으로 우리의 삶은 크게 변화되지만, 우리는 종종 우리의 믿음을 마치 녹슨 골동품처럼 대수롭지 않게 취급하기도 합니다. 처음에는 흥미로운 발견으로 여겼다가 결국 먼지 쌓인 지하실에 방치해 두는 것과 같습니다. 보물 지도처럼, 성경은 그리스도를 통해 얻을 수 있는 진정한 보물을 찾을 수 있도록 길을

보여 줍니다.

어떤 사람들은 이렇게 말합니다.

"누군가가 내게 주님의 손가락 사이로 빠져나갈까 걱정하지 않느냐고 물었습니다. 나는 그것이 불가능하다고 대답했습니다. 왜냐하면 나는 주님의 손가락 중 하나이기 때문입니다. 새로운 출생을 통해 우리는 그리스도의 영적 몸의 일부가 됩니다." - 도널드 그레이 반하우스, 목사

"세상은 위대한 조각가의 작업실입니다. 우리는 그분의 조각상이며, 언젠가 우리 중 일부가 생명을 얻게 될 것이라는 소문이 돌고 있습니다." - C.S. 루이스, 교수이자 작가

"기독교인이 되는 것은 '교회'라고 불리는 조직에 외적 물리적으로 부착되는 정도가 아닙니다. 또한 기독교인이 되는 것은 역사적, 신학적 신념의 원칙에 대한 정신적 동의에 의해 이루어지는 것도 아닙니다. 행동의 수정이나 의식적 반복도 기독교인이 되는 본질이 아닙니다. 기독교인이 되는 것은 우리 존재의 영적 핵심에서 일어나는 영적 변화입니다." - 제임스 파울러, 목사

> 핵심 주제
>
> 1. 번성하도록 창조된 존재
> 2. 영생의 근원
> 3. 영생을 얻는 길
> 4. 믿음과 고백과 회개
> 5. 분명한 확신

"영적 삶은 하나님의 말씀에 순종적으로 응답하는 성령의 능력으로서 믿는 이의 삶 속에서 재현되는 그리스도의 삶입니다." - 하워드 헨드릭스, 교수이자 작가

1. 번성하도록 창조된 존재

처음에는 이것이 좋은 생각 같았습니다. 농부들은 담배를 팔고 싶어 했고, 흡연자들은 담배를 피우면서 즐거움을 느끼고 싶어 했습니다. 많은 사람들이 흡연을 통해 정신적 명석함과 자연스러운 체중 감소와 같은 건강상의 유익을 경험한다고 주장했습니다. 심지어 한 광고에서는 "한 모금의 흡입은 먼지투성이 길 20마일을 하이킹 후에 차가운 음료수를 마시는 것처럼 시원하고 상쾌합니다"라고 광고했습니다. 그렇게 해서 담배는 수십억 달러 규모의 산업이 되었습니다.

오늘날에는 사람이 담배 연기에 노출되는 것은 해롭다는 것이 잘 알려져 있습니다. 사실, 흡연은 치명적입니다. 대신, 우리는 20마일을 하이킹하는 것에서 더 유익을 얻습니다. 그것이 우리가 창조된 본래의 모습입니다.

육체적으로 신선한 공기를 필요로 하는 것처럼, 영적으로 우리는 하나님의 영과 연결되어야 번영할 수 있습니다. 다른 접근 방식은 그 당시에는 유익해 보이더라도 때로는 더 해로울 수 있습니다. 구원은 하나님이 우리를 그분 없이 사는 파괴적인 현실로부터 구원하시는 유일한 길입니다.

당신은 삶 속에서 영적인 갈급함을 느껴 본 적이 있나요?

....

....

예수님 외에 다른 어떤 것에서 영적인 만족을 찾으려고 시도해 보았습니까?

....

....

시작하기

창세기 1:26을 읽으세요. 하나님의 형상으로 창조되었다는 것이 왜 중요하다고 생각합니까?

....

....

창세기 3:1-13에서 무슨 일이 일어났습니까? 이 이야기에서는 어떤 죽음을 말합니까? 이런 상황을 볼 때, 구원의 개념이 왜 중요한가요?

....

....

당신이 창조된 순간부터, 당신은 영적인 존재였습니다. 이는 모든 사람에게 해당됩니다. 우리의 독특한 디자인 때문에, 우리는 하나님의 영이 우리 안에 있을 때 최상의 기능을 합니다. 하나님은 우리와의 관계를 위해 특별히 우리를 설계하셨고, 우리의 내면 깊은 곳에서 우리는 그것을 느끼고 있습니다. 이것이 우리가 세상의 모든 피조물과 다른 점입니다.

당신의 삶의 어떤 영역에서 하나님의 필요성을 가장 많이 느낍니까? 하나님과의 개인적인 관계가 당신의 삶을 어떻게 풍요롭게 합니까?

....

....

사람이 자신이 영적 존재로 창조되었다는 것을 깨닫지 못하면, 그것은 그의 삶에 어떤 영향을 미칩니까?

....
....

사람들이 하나님과의 관계가 필요하다는 것을 드러내는 다양한 방법에는 어떤 것들이 있을까요?

....
....

2. 영생의 근원

물의 원천

병에 든 물은 큰 산업이며, 소비자가 물에서 찾는 가장 중요한 특징은 순수성입니다. 그들은 그것이 어떤 공급원에서 나온 것인지를 알고 싶어합니다. 그래서 생수 업체는 매년 수백만 달러를 투자하여 브랜드를 신중하게 만들어 소비자에게 제품이 신선하고 순수하다는 것을 보장합니다.

소비자들이 먹고 마시는 것의 근원에 관심을 가지는 이유는 무엇입니까?

....
....

진정한 만족스러운 삶을 살기 위해서, 생명의 근원을 생각해보는 것은 얼마나 중요한 것일까요? 사람들은 어떤 것들에서 삶의 의미나 만족을 얻으려고 시도하나요?

....

....

"예수께서 대답하여 이르시되 이 물을 마시는 자마다 다시 목마르려니와 내가 주는 물을 마시는 자는 영원히 목마르지 아니하리니 내가 주는 물은 그 속에서 영생하도록 솟아나는 샘물이 되리라 여자가 이르되 주여 그런 물을 내게 주사 목마르지도 않고 또 여기 물 길으러 오지도 않게 하옵소서"(요 4:13-15).

요한복음 4:13-15에서 예수님은 우물가의 여인과 대화하십니다. 그 대화 속에서 예수님은 '샘물'과 '영생' 사이의 연결점을 말씀하십니다. 이 둘 사이의 관계를 어떻게 설명할 수 있을까요?

....

....

다음 구절에서, 예수님은 자신과 영생에 대해 무엇을 말씀하십니까?

요한복음 1:4

....

....

요한복음 6:40

....

....

요한복음 10:10

....
....

당신의 말로 영생이란 무엇입니까?

....
....

첫걸음 내딛기

하나님을 찾는 모든 사람은 고유한 이야기를 가지고 있습니다. 어떤 사람은 어린 시절에 하나님과의 관계를 시작합니다. 어떤 사람들은 성인이 되어 그분을 발견합니다. 각 경우마다 하나님은 주도적인 역할을 하십니다. 우리의 삶 전체에 걸쳐, 그분은 무대 뒤에서 일하시며, 우리가 그분의 현실과 마주하게 되는 순간들을 신중하게 조율하십니다. 그리고 우리는 마침내 그분과의 연결을 추구하기로 선택합니다. 당신이 하나님을 처음 경험한 방식이 어떠했든, 모든 것은 하나님께서 그리스도를 통해 손을 내미셨을 때 시작되었습니다.

베드로전서 3:18에 따르면, 하나님께서 우리와의 연결을 위해 무엇을 준비하셨습니까?

....
....

요한복음 17:3을 살펴보세요. 예수님은 그분을 아는 것이 영생의 근원이라고 주장하십니다. 그분을 아는 것은 무엇을 말하는 것일까요?

....
....

3. 영생 얻는 길

선물 받기

우리는 하나님을 필요로 하도록 창조되었고, 하나님께서 먼저 우리와의 관계를 시작하셨습니다. 그렇다면 이제 우리는 무엇을 해야 할까요? 하나님 없이 느껴지는 그 갈증과 긴장은 어떻게 풀 수 있을까요? 하나님과 온전히 연결되기 위해 필요한 것은 무엇일까요?

많은 종교적 접근은 우리가 하나님께 인정받기 위해 여러 과업을 수행해야 한다고 말합니다. 하지만 성경에서 예수님의 가장 가까운 제자들은 하나님과 함께하는 삶이 오히려 단순하고 가까운 것임을 강조합니다. 그들은 이 관계를 마치 예상치 못한 선물을 받는 것에 비유합니다.

에베소서 2:8-9을 읽으세요. 그리스도와의 관계가 받을 자격이 없는 선물을 받는 것과 어떻게 같습니까?

....
....

당신은 하나님과의 관계를 시작한 경험이 있습니까?

....
....

당신은 어떻게 반응했습니까?

....
....

4. 믿음과 고백과 회개

우리에게 '구원'은 그리스도를 통해 하나님과의 연결을 형성하는 과정을 설명하는 단어입니다. 그러나 성경의 원어는 세 가지 다른 단어가 우리에게 믿음을 그리스도께 두는 것이 무엇을 의미하는지 중요한 개요를 제공합니다.

- πιστεύω(pisteuo, 믿다): 어떤 문제에 대해 확신하다; 그것을 신뢰할 정도로 믿다.
- ὁμολογέω(homologeo, 고백하다): 동의하다; 인정하다; 공개적으로 선언하거나 고백하다.
- μετάνοια(metanoia, 회개하다): 마음을 바꾸다; 이전의 진술을 철회하고 새로운 것으로 대체하다.

하나님과의 관계를 회복하는 과정에서 각 단어가 어떤 역할을 했는지 생각해 보세요.

πιστεύω(피스튜오)

....
....

ὁμολογέω(호몰로게오)

....
....

μετάνοια(메타노이아)

....
....

로마서 10:9-10을 읽으세요. 이 구절에서, 구원과 관련된 두 가지 행동은 무엇입니까?

....

....

사도행전 26:9-20은 하나님께 받아들여지기 위해 우리가 먼저 충족해야 할 조건들을 설명하고 있는 걸까요, 아니면 하나님의 임재 앞에서 우리가 자연스럽게 보이게 되는 반응을 보여 주고 있는 걸까요?

....

....

5. 분명한 확신

어떤 사람들에게는 구원이 감정적인 경험이지만, 다른 사람들에게는 논리적이고 실용적인 삶의 경험일 수 있습니다. 이는 모두 당신의 성격에 달려 있습니다. 어느 쪽이든, 그 경험은 유효하고 실제입니다. 하나님의 독특한 창조물로서, 당신은 그분의 존재에 대한 독특한 반응을 경험하게 됩니다.

그리스도인이 된다는 것은 초대를 받아들이는 것입니다. 그 초대를 받아들였을 때, 웃든 울든 조용한 기쁨을 느끼든, 그 순간에 하나님은 우리의 영원한 운명을 심오하게 바꾸십니다. 우리의 감정은 단지 장식일 뿐, 케이크 곧 본질은 아닙니다. 하나님께서 우리의 삶에서 일하시는 것이 본질입니다.

기독교인들이 구원에 대해 질문을 갖는 것은 정상입니다. 영생에 대해 어떻게 확신할 수 있을까요? 예수님을 알았던 요한은 우리에게 사실을 알려 줍니다.

요한일서 5:11-13을 읽으세요. 11-12절을 통해 우리는 영생에 대한 어떤 확신을 가질 수 있습니까?

요한복음 10:25-30에 따르면, 누가 영생을 줄 권능을 가지고 있습니까?

요한복음 10:28-29에서 예수님은 어떤 보증을 주십니까?

이런 성경 구절들은 영생에 대한 당신의 생각에 어떤 영향을 미쳤습니까?

감정적 반응

우리가 그리스도를 우리 삶에 받아들일 때 무슨 일이 일어날까요? 어떤 느낌일까요? 불꽃놀이 같을까요? 이것들은 자연스러운 질문입니다. 대답은 당신의 성격에 달려 있을 수 있습니다. 첫 집의 모기지와 같이 매우 중요한 계약에 서명한 적이 있습니까? 차를 사 본 적이 있습니까? 결혼 증명서에 서명한 적이 있습니까? 이러한 사건들은 여러분이 당시에는 완전히 이해하지 못하는 방식으로 여러분의 운명을 형성합니다. 이러한 중요한 행위가 강한 감정을 수반할 수도, 수반하지 않을 수도 있습니다. 강한 감정을 경험하든 그렇지 않든, 계약은 유효합니다. 구원도 마찬가지입니다.

걱정하지 마세요. 불꽃놀이를 보지 못해도, 당신은 쇼를 놓치지 않은 것입니다!

오늘은 여기에, 내일은 하나님의 미래로

당신이 몰랐던 최고의 비밀, 영생의 축복은 이미 지금 이 순간부터 시작됩니다.
그렇습니다, 우리는 기쁨과 평안, 그리고 완전함이 가득한 영원한 미래를 마주합니다. 하지만 "사는 것이 그리스도"이기에, 우리는 지금 이 땅에서부터 소망과 의미, 그리고 풍성한 삶을 누릴 수 있습니다.
이보다 더 좋은 조건이 또 있을까요? 정말 비교할 수 없는 최고의 선물입니다!

영생은 당신의 삶에 어떤 영향을 미칩니까?

....
....

> **성구 암송: 그리스도 안에서의 새로운 삶**
>
> "또 증거는 이것이니 하나님이 우리에게 영생을 주신 것과 이 생명이 그의 아들 안에 있는 그것이니라 아들이 있는 자에게는 생명이 있고 하나님의 아들이 없는 자에게는 생명이 없느니라 내가 하나님의 아들의 이름을 믿는 너희에게 이것을 쓰는 것은 너희로 하여금 너희에게 영생이 있음을 알게 하려 함이라"(요일 5:11-13).

성경을 암송하고 묵상하는 이유는 무엇입니까?

"내가 주께 범죄하지 아니하려 하여 주의 말씀을 내 마음에 두었나이다"(시 119:11).

예수님이 광야에서 사탄에게 시험을 받았을 때(마 4:1-11), 예수님은 세 번 "기록되었으되…"라고 답하셨습니다. 그 후 예수님은 사탄의 공격을 물리치기 위해 구약성경에서 특정하고 적절한 구절을 인용하셨습니다. 이 구절에서, 우리는 사탄이 예수님을 유혹하기 위해 성경을 왜곡하는 것을 볼 수 있습니다. 예수님은 적절한 성경 구절을 사용하여 사탄에게 반박하고 그의 오류를 보여 주셨습니다. 그 후 사탄은 예수님을 떠났습니다.

예수님이 사탄과 싸우기 위해 성경을 필요로 하셨다면, 우리에게 이 무기는 얼마나 더 절실하겠습니까? 이번 주부터 하나님의 말씀을 당신의 마음에 간직하기 시작하길 바랍니다. 하나님의 말씀은 일상 생활의 싸움에서 우리를 강화하고 격려합니다. 또한, 하나님께 죄를 짓지 않도록 예방책 역할을 합니다. 주요 구절들은 당신의 영적 성장에 도움이 되는 것들입니다. 그것들을 열심히 외우세요. 성경을 암기하는 것은 당신의 영적 성장에 필수적입니다.

성경을 효과적으로 암기하는 방법

요한일서 5:11-13을 여러 번 읽고, 조용히 그리고 소리 내어 읽고 전체적인 내용을 이해하세요. 그런 다음, 한 구절씩 암기하기 시작하세요. 구절이나 구절의 일부분을 말할 때마다 "요한일서 5:11-13"라고 출처도 함께 말하세요. 구절이나 구절의 일부분을 암기할 때마다 참조를 반복하세요. 이 연습은 "어딘가에서 성경에…"라고 말하는 것을 방지하는 데 도움이 될 것입니다. 매번 참조를 반복하면 그것의 위치가 기억에 고정됩니다.

하나님은 여러 번 성경에서 그분의 말씀을 묵상하라고 촉구하시고 그 결과로 축복을 약속하십니다. 전체 구절을 암기한 후, 묵상하기 시작하세요. 한 가지 좋은 방법은 매번 다른 단어를 강조하며 구절을 반복하는 것입니다. '요한일서 5:11-13'을 개

인화하여 '나', '내' 또는 당신의 이름을 넣어 보세요. 예를 들면 다음과 같습니다:

"또 증거는 이것이니 하나님이 나, _____, 에게 영생을 주신 것과 이 생명이 그의 아들 안에 있는 그것이니라 아들이 있는 자에게는 생명이 있고 하나님의 아들이 없는 자에게는 생명이 없느니라 내가 하나님의 아들의 이름을 믿는 _____에게 이것을 쓰는 것은 _____로 하여금 내가 _____에게 영생이 있음을 알게 하려 함이라."

복습은 성경 구절을 마스터하고 유지하는 열쇠입니다. 그러니 매일 요한일서 5:11-13을 복습하세요. 다음 주에 다른 구절을 시작할 때, 새로운 구절을 외우는 동안 매일 요한일서 5:11-13을 계속 복습하세요. 주중에 다양한 상황과 유혹에 직면할 때, 하나님께서 이 구절들을 얼마나 자주 당신의 마음에 떠오르게 하시어 당신을 강화하고 지탱해 주시는지 놀랄 것입니다.

이 암송의 의도는 의무나 성과가 아닌 주님과의 관계와 당신의 멘토와 함께 이 구절들을 작업하면서 성장하는 것입니다.

듣기: Howard Hendricks의 "CHRIST LIFE"
듣기: Stephen Davey의 "WHEN HEAVEN CAME DOWN"

관련 자료

The Pursuit of God, A. W. Tozer

Knowing God, J.I. Packer

Incomparable Christ, The Person and Work of Jesus Christ, J. Oswald Chambers

Scripture Memory Verses, Book 2

"The Story", video

더 깊이 들어가기

이 섹션은 도전적인 질문, 오디오 추천, 자기 성찰 연습을 통해 조금 더 깊이 나아갈 수 있도록 돕기 위한 것입니다. 이 섹션은 선택 사항이므로 모두 사용하거나 일부를 사용하거나 또는 전혀 사용하지 않아도 됩니다.

생각하기: 영생이 무료이고 쉽게 접근할 수 있다면, 왜 모든 사람이 그것을 받아들이지 않을까요?

....
....

관찰하기: 상징적인 인디애나 존스 영화 중 하나를 보세요. 존스가 무엇이든 보물을 찾으려고 얼마나 열정적으로 추구하는지 주목하세요. 그 목표가 끈질기게 추구할 가치가 있을까요?

....
....

고려하기: 우리에게 익숙한 찬송 가사는 "주님, 당신은 은보다 더 귀합니다. 주님, 당신은 금보다 더 비쌉니다"로 시작합니다. 당신의 소중한 것들을 나열해 보세요. 위 구절을 그것들과 비교해서 당신의 말로 완성하세요.

....
....

우리의 새로운 정체성 탐구하기

어떤 사람들은 이렇게 말합니다.

"먼저 자신에게 무엇이 되고 싶은지 말하고, 그다음에 해야 할 일을 하세요." - 에픽테토스, 그리스 철학자

"당신이 누구를 사랑하는지 말해 주세요. 그러면 당신이 누구인지 알려 드리겠습니다." - 아르센 우세, 프랑스 소설가

"나는 내가 만난 다른 어떤 사람보다도 나 자신과 더 많은 문제를 겪었습니다." - 드와이트 무디, 목사 및 전도자

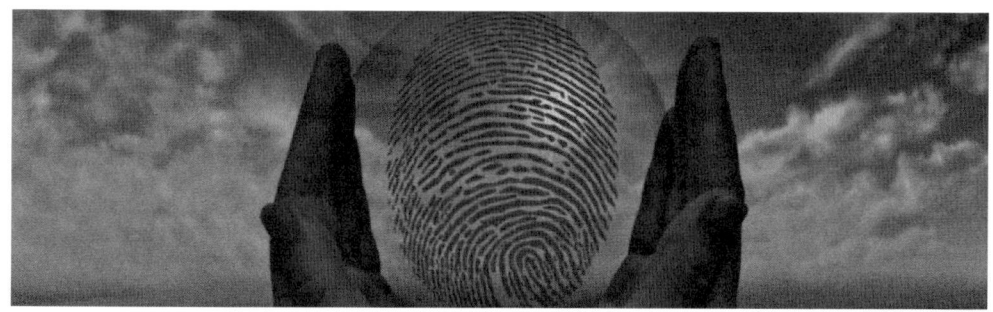

자기 정체성

자신이 누구인지 알아가는 일은 어렵기에, 많은 사람들은 이 질문에 답하기 위해 철학을 찾거나 깊이 사색합니다.

'나는 누구인가?'라는 질문은 다른 많은 질문들을 만들어 냅니다. 정체성은 무엇으로 이루어질까요? 교육, 직업, 개인적인 역사나 가문일까요? 나를 정의하는 사람은 누구일까요? 내가 스스로 나를 정의할 수 있을까요? 오늘날 복잡한 사회에서는 '자기 정체성'이라는 개념이 모호하게 느껴지거나, 때로는 풀기 힘든 문제처럼 보일 수도 있습니다.

모든 문화가 그런 것은 아닙니다. 파푸아 뉴기니의 많은 부족 마을에서는 사람과 물건이 소유권에 의해 정의됩니다. 그 소유권은 창조에 의해 결정됩니다. 다시 말해, 당신이 노를 만들었다면, 그 노는 당신의 것입니다. 기능이나 외관보다, 그 노의 주요 정의는 '당신의 것'입니다. 그래서 이 마을의 많은 기독교인들은 하나님을 '아빠/소유자'라고 부릅니다. 창조자로서 하나님은 모든 것의 소유자이며, 따라서 모든 것의 궁극적인 정의입니다.

나를 만드시고 소유하신 분에 의해 내가 정의된다면, 내가 누구인지 알기 위해 그분으로부터 나에 대한 단서를 찾는 것이 타당합니다. 그러므로 내가 스스로 나 자신을 정의하는 것보다 하나님이 나를 어떻게 보시는지 아는 것이 훨씬 더 중요합니다. 우리가 무엇을 시도하기 전에 우리가 누구인지를 아는 것은 성취감, 평화, 그리고 다른 사람들과의 조화로운 삶을 위해 필수적입니다. 다시 말해, "무엇을 하기 전에 누구인지를 알아야 한다"는 것입니다.

> **핵심 주제**
>
> 1. 하나님의 눈에 비친 나는 누구입니까?
> 2. 이것이 나에게 의미하는 바는 무엇입니까?
> 3. 어떻게 이런 삶을 살아가는가?
> 4. 내가 살아가는 힘의 근원은?

"나의 코칭 경력 동안 따르려고 노력했던 기본 철학이 있습니다. 이기든 지든 항상 당신 자신이 되는 것이 중요합니다. 주변 상황 때문에 바꿀 수는 없습니다." - 코튼 피츠시몬스, 대학 및 NBA 코치

"부모, 교사, 친구의 말이 긍정적이고 하나님의 진리와 일치한다면, 그 말은 우리를 복되고 생산적인 삶으로 이끌어 줍니다. 하지만 부모나 교사에게 '너는 쓸모 없어', '너는 아무것도 될 수 없어', '너를 미워해'라는 말을 듣는다면, 그 사람은 부정적인 말의 영향을 극복하기 위해 고군분투하게 됩니다. 그들의 정서적 상처는 하나님의 진리가 없다면 삶을 저주할 수도 있습니다." - 존 비치너, 대기업 CEO

다른 사람들이 우리에 대해 말하는 것이 우리를 형성할 수 있습니다. 우리는 다른 사람들의 기대에 부응하려고 시도하는 경향이 있습니다. 이것이 부모이든, 다른 사람이든, 혹은 하나님으로부터 온 생각이든 관계없이, 그것은 사실입니다.

성장 과정에서, 당신은 자신이 누구인지에 대해 어떤 말을 많이 들었습니까?

....
....

1. 하나님의 눈에 비친 나는 누구입니까?

우리가 그리스도가 누구이고 그분이 우리를 위해 무엇을 하셨는지 믿고 하나님과 개인적인 관계를 맺을 때, 우리는 아담의 족보에서 하나님의 족보로 옮겨집니다. 즉 하나님의 가족으로 입양되는 것입니다. 하나님의 가족으로 태어난 사람이 아니라 입양된 자녀라는 것이 무슨 의미가 있을까요? 입양은 선택의 관계입니다. 우리의 경우, 하나님이 우리를 선택하신 것입니다. 우리는 우연한 존재가 아니며, 더 나쁘게는 원치 않는 존재도 아닙니다. 하나님께서 우리가 그분의 가족으로 입양되었다고 말씀하시는 것은 우리가 새로운 정체성, 새로운 유산, 새로운 미래를 얻었음을 의미합니다. 하나님이 말씀하시는 당신의 새로운 정체성에 대해 깊이 생각해 보세요.

베드로전서 2:9을 읽으세요. 이 구절은 당신의 정체성에 대해 무엇이라고 말합니까?

....
....

로마서 8:1-2과 로마서 8:28이 당신에게 어떤 안도감을 주는지 설명해 보세요.

....
....

요한복음 15:5, 16을 살펴보세요. 하나님의 눈에 당신은 얼마나 중요한가요? 그렇다면 자신에 대한 당신의 시각을 어떻게 바꾸어야 하나요?

....
....

그리스도 안에서의 나는 누구입니까?

다음 표는 그리스도 안에서의 당신에 대한 더 많은 성경 구절을 제공합니다.

	나는 받아들여졌다
요한복음 1:12	나는 하나님의 자녀이다.
요한복음 15:15	제자로서 나는 예수 그리스도의 친구이다.
로마서 5:1	나는 의롭다 함을 받았다.
고린도전서 6:17	나는 주와 연합되어 있고, 영적으로 하나가 되었다.
고린도전서 6:19-20	나의 값을 치르고 사셨으며, 나는 하나님의 소유이다.
고린도전서 12:27	나는 그리스도의 몸의 지체이다.
에베소서 1:3-8	나는 하나님께 선택을 받아 자녀로 입양되었다.
골로새서 1:13-14	나는 모든 죄에서 구속받고 용서받았다.
골로새서 2:9-10	나는 그리스도 안에서 완전하다.
히브리서 4:14-16	나는 예수 그리스도를 통해 은혜의 보좌에 직접 나아갈 수 있다.
	나는 안전하다
로마서 8:1-2	나는 정죄로부터 자유롭다.
로마서 8:28	나는 하나님이 모든 상황에서 나의 선을 위해 일하심을 확신한다.
로마서 8:31-39	나는 나를 향한 어떤 정죄로부터 자유롭고, 하나님의 사랑에서 분리될 수 없다.
고린도후서 1:21-22	나는 하나님으로부터 세움을 받고, 기름 부음을 받고, 인 치심을 받았다.
골로새서 3:1-3	나는 그리스도와 함께 하나님 안에 감추어져 있다.
빌립보서 1:6	나는 하나님께서 나에게 시작하신 선한 일을 완성하실 것임을 확신한다.
빌립보서 3:20	나는 하늘의 시민이다.
	나는 중요한 사람이다
요한복음 15:5	나는 참포도나무이신 예수 그리스도의 가지이며, 그분 안에 뿌리를 두고 있다.
요한복음 15:16	나는 선택받고 열매를 맺도록 예정되었다.
고린도전서 3:16	나는 하나님의 거룩한 거처이다.
고린도후서 5:17-21	나는 하나님의 화해의 사역자이다.
에베소서 2:6	나는 하늘 영역에서 예수 그리스도와 함께 앉아 있다.
에베소서 2:10	나는 하나님의 작품이다.
에베소서 3:12	나는 자유롭게 그리고 담대하게 하나님께 나아갈 수 있다.
빌립보서 4:13	나는 나를 강하게 하시는 그리스도를 통해 모든 것을 할 수 있다.

"나는 새로운 창조물입니다. 과거의 것은 지나갔고, 새로운 것이 왔습니다. 바로 '그리스도 안에서의 자유'입니다." - 닐 암스트롱

"그리스도 안에서의 관계를 통해 부여된 새로운 정체성은 우리가 경험 속에서 점진적으로 그것을 이해함에 따라 우리를 극적으로 변화시킬 수 있습니다. 그것은 영적 삶이 예수님을 위해 무언가를 하려는 문제가 아니라, 그분이 우리를 위해 이미 행하신 것을 신뢰하고 그 안에서 안식하는 문제임을 강조합니다." - 켄 보아

구원의 순간에 우리는 새로운 정체성으로 다시 태어납니다. 우리의 낡고 죄스러운 본성은 죽었고, 이제 우리는 새롭고 거듭난 본성을 갖게 되었습니다. 우리의 믿음이 성장함에 따라, 우리는 그리스도가 우리 안에 그리고 우리를 통해 살아가시는 것을 경험하게 됩니다. 이러한 원리는 그리스도인의 삶의 기초가 됩니다.

고린도후서 5:17을 읽으세요. 하나님의 눈에 비친 당신에 대해 어떤 깨달음을 얻었습니까?

....
....

나는 하나님이 더 사랑하게 할 수 있는 것은 없으며, 하나님이 나를 덜 사랑하게 할 수 있는 것도 없습니다.
이 말은 부모나 다른 사람들이 당신에게 말했던 것과 어떻게 다른지요?

....
....

2. 이것이 나에게 의미하는 바는 무엇입니까?

빌 길햄의 다음 글을 생각해보세요:

"하나님은 모든 그리스도인이 '그리스도 안에서의 참된 정체성'을 이해하고 받아들이기를 원하십니다. 이 정체성은 단순히 하나님께서 우리의 이름을 '부채'에서 '자산'으로 옮겨 적는 형식적인 기록 변경이 아닙니다. 생명책에 우리의 이름이 기록되기 위해서는, 하나님께서 우리를 완전히 새로운 존재로 즉각적이고 놀랍게 변화시키는 기적이 일어나야 합니다. 이 변화는 단순한 외적 변화가 아니라, 우리의 존재 자체가 다음과 같이 근본적으로 바뀌는 것입니다.

- 하나님의 대적자에서 하나님의 친구로
- 하나님께 외면받던 자에서 온전히 인정받는 자로
- 죄인에서 용서받은 자로
- 정죄받은 자에서 완전한 사면을 받은 자로
- 하나님을 거역하던 자에서 그분의 눈에 보배로운 존재로
- 평민에서 왕족으로
- 죄인에서 성도로 변화

이 모든 것과 그 이상이 그리스도 안에서 영적으로 다시 태어났을 때 당신의 영원한 정체성이 됩니다. 하나님은 이것을 모두 당신을 위해 이루셨습니다. 이제 그분은 그러한 희생을 통해 따뜻하고 친밀한 관계를 가지기를 원하십니다."

'새로운 당신'에 대한 위의 진술을 믿는 것이 당신에게 어떤 차이를 만드나요?

많은 성경 말씀이 우리에게 인정받고, 안전하고, 중요하다고 강조하고 있습니다. 다른 사람들이 실제로 얼마나 인정받고, 안전하고, 중요하다고 생각하는지에 대한 당신의 생각을 말해 보세요.

....
....

그러면 당신은 얼마나 인정받고, 안전하고, 중요하다고 생각하나요?

....
....

우리가 하나님의 가족이기 때문에, 어떤 순간에 느끼는 감정과 상관없이 하나님의 인정을 얻기 위해 애쓰거나 특정한 방식으로 행동할 필요가 없다는 사실에 대해 어떻게 생각하나요?

....
....

사람의 정체성은 성공이나 심지어 중요성에 의해 정의되어서는 안 되며, 오직 그리스도의 희생과 우리가 그분의 가족으로 입양된 것에 기초해야 합니다.

"복음은 이렇습니다. 우리가 감히 믿을 수 없을 만큼 우리 자신 안에 더 많은 죄와 결함이 있지만, 동시에 우리가 감히 바랄 수 없을 만큼 예수 그리스도 안에서 더 많은 사랑을 받고 받아들여집니다." - 팀 켈러, 목사 및 저자

에베소서 1:3-10을 읽으세요. 그리스도 안에 있는 것의 특징과 이점은 무엇인가요?

....
....

"우리의 문화는 우리가 성취한 것이 우리의 가치를 결정한다고 말하며, 우리가 하는 일들을 통해 의미와 중요성을 추구하도록 권장합니다. 그러나 성경은 우리의 가치는 그리스도가 우리를 위해 기꺼이 행하신 것에 의해 결정된다고 말하며, 그분 안에서 우리는 무한하고 변하지 않는 의미와 목적의 원천을 가지고 있다고 말합니다. 그리스도 안에서 우리가 누구인지는 우리가 하는 일에 의해 형성되는 것이 아니라, 그분이 십자가에서 행하신 것과 우리 삶에서 계속해서 행하시는 것에 의해 형성됩니다.

우리의 정체성은 성과에 의해 결정되지 않으며, 우리의 새로운 정체성은 우리의 모든 행동에 기초가 됩니다. 만약 우리가 자신을 무가치하거나 부적절하다고 인식한다면, 이는 우리의 행동에 반영될 것입니다. 우리는 하나님이 우리를 정의하고 우리에게 말씀하시는 것을 받아들일 때 그분을 경외합니다. 그리스도 안에서 우리는 하나님의 가족으로 입양된 승리자입니다. 사탄, 죄, 죽음의 속박에서 해방되었습니다. 지속적인 결과를 가져올 영원한 목적을 성취하도록 부르심을 받고 준비되었습니다. 그리스도와 함께 일으킴을 받고 그분의 생명에 참여하게 되었습니다." – 켄 보아, That I May Know God

나는 언제나 온전히 의롭습니다. 내 일에 근거해서가 아니라 그리스도 때문입니다. 내 정체성과 중요성은 결코 성과나 외적인 행동의 결과에 얽매이지 않습니다. 나는 그리스도 안에서 내가 누구인지 때문에 중요합니다.

켄 보아가 언급한 '그리스도 안에서의 우리의 정체성'에 대한 표현을 고려할 때, 당신의 삶에 어떤 변화를 만들어야 할 필요가 있나요?

....
....

요약하면 다음과 같습니다.
그리스도의 사랑과 인정은 나에게 안전, 중요성, 만족을 줍니다.

- 나의 가치와 중요성은 그리스도(영원하고 변하지 않는)에서만 발견되며, 나의 성과에서 발견되지 않습니다.
- 그리스도 안에 있는 나의 가치는 더 이상 다른 사람들의 의견에 얽매이지 않게 해줍니다. 나는 그들의 의견을 듣고 배울 수 있습니다.
- 다른 사람들이 나에 대해 생각하는 것에서 자유로워짐으로써, 나는 진정으로 사람들을 섬기고 존중하며 사랑할 수 있습니다.
- 그리스도 안에서의 나의 안전은, 결과 지향적이거나 최종 목표에 몰두하지 않고 과정 중심으로 살 수 있게 해줍니다.
- 나의 안전과 만족은 나에게 주위의 모든 것을 통제하려는 필요를 놓아 버릴 수 있게 해줍니다.
- 그리스도 안에 있음으로써 나는 교만의 속박에서 자유로워집니다. 나는 '자신을 너무 높이 평가하지 않아야 한다'고 말합니다.
- 그리스도의 사랑과 인정은 나에게 동기를 검토하고 정화할 수 있는 안전을 줍니다.

위에서 어떤 것이 당신에게 가장 중요한가요? 왜 그렇습니까?

....

....

3. 어떻게 이런 삶을 살아가는가?

내 정체성에 대한 진리를 아는 것과 그 진리를 머리에서 마음으로 그리고 발로 옮기는 것은 별개입니다. 다시 말해, 어떻게 그것을 실천할 수 있나요?

요한복음 15:4-5을 읽으세요. 포도나무와 가지 사이의 관계를 설명해 보세요.

....

....

이 구절에 따르면, 우리는 자신의 힘으로 무엇을 할 수 있나요?

....

....

우리의 힘만으로는 충분하지 않습니다. 당신의 삶에서 이것이 어떻게 드러났는지 이야기해 보세요.

....

....

에베소서 3:14-19을 읽으세요. 이 구절에서 얻을 수 있는 통찰은 무엇인가요?

....

....

4. 내가 살아가는 힘의 근원은?

그리스도의 내주하는 생명 – 내 안에 그리스도

우리는 그리스도인다운 삶을 살 힘이 없습니다. 그렇다면 그것은 희망 없는 추구라는 뜻인가요? 아닙니다. 그리스도 예수께서 내가 누구인지 정의하시고 소망, 안전, 용납을 베푸십니다. 내 안에 있는 그분의 생명은 내가 그리스도인의 삶을 사는 데 필요한 유일한 힘입니다.

"그의 신기한 능력으로 생명과 경건에 속한 모든 것을 우리에게 주셨으니 이는 자기의 영광과 덕으로써 우리를 부르신 이를 앎으로 말미암음이라"(벧후 1:3).

갈라디아서 2:20을 보세요. '그리스도가 내 안에 계신다'는 것은 바울에게 어떤 의미였나요? 당신에게는 무엇을 의미하나요?

....
....

빌립보서 1:21과 골로새서 1:27-29에서 어떤 통찰을 얻을 수 있나요?

....
....

고린도후서 12:9-10에서, 바울은 그리스도가 그 안에 거하는 것에 대해 무엇이라고 말하나요?

....
....

갈라디아서 4:19은 영적 성장에 대해 무엇을 암시하나요?

....
....

"당신의 진정한 새로운 자아(그리스도의 것이기도 하며, 당신의 것이기도 한 자아)는 당신이 그것을 찾고 있는 동안에는 오지 않을 것입니다. 그러다 당신이 그분을 찾고 있을 때 올 것입니다… 자신을, 옛 자아를 포기하세요. 그러면 진정한 자아를 찾게 될 것입니다. 당신의 생명을 잃으면 구하게 될 것입니다… 아무것도 남기지 마세요. 당신에게 주어지지 않은 것은 결코 당신의 것이 되지 않을 것입니다. 당신 안에서 죽지 않은 것은 결코 부활하지 않을 것입니다. 자신을 찾으면 결국에는 증오, 외로움, 절망, 분노, 파멸, 부패만을 발견할 것입니다. 그러나 그리스도를 찾으면 그분과 함께 모든 것이 따라올 것입니다." – C. S. 루이스, 순전한 기독교

그리스도가 내 안에 거하시면 어떻게 될까요?

- 그리스도가 내 안에 거하심으로 나는 약할 때 무한한 영적 자원을 제공받습니다(고후 12:9-10).
- 이 내주하심을 통해, 나는 그분으로부터 흘러오는 매 순간의 승리(안식, 평화)를 누릴 수 있습니다(엡 2:14-16).
- 그분은 특히 시련과 어려움 속에서 나에게 진정한 희망을 제공하고 명확히 합니다(골 1:27-29).
- 오직 그리스도의 자원만으로 진정한 적인 사탄을 이길 수 있습니다(요일 4:4).
- 나의 영적 성장은 지속적인 과정입니다(빌 1:6).

그리스도의 영이 우리 안에 그리고 우리를 통해 살게 하려면 어떻게 해야 하나요?

....
....

<u>그리스도가 내 안에 계신 것은 승리 속에서 걷고 결코 패배 속에서 걷지 않는 힘입니다.</u>

사람은 그리스도의 내주하시는 영을 통해 하나님의 일에 참여합니다. 그리스도 안에 있는 것이 나의 지혜와 힘의 원천입니다.

그리스도가 우리 안에 온전히 거하시도록 하기 위해 겸손이 필요한 이유는 무엇인가요?

....

....

듣기: Wayne Barber의 'Finding My Identity' 청취 노트

> **성구 암송: 우리의 새로운 정체성**
>
> "그런즉 누구든지 그리스도 안에 있으면 새로운 피조물이라 이전 것은 지나갔으니 보라 새 것이 되었도다"(고후 5:17).

관련 참고 자료

Classic Christianity, Bob George

Counterfeit Gods, Tim Keller

Scripture Memory Verses, Book 2

더 깊이 들어가기

이 섹션은 도전적인 질문, 오디오 추천, 자기 성찰 연습을 통해 조금 더 깊이 나아갈 수 있도록 돕기 위한 것입니다. 이 섹션은 선택 사항이므로 모두 사용하거나 일부를 사용하거나 또는 전혀 사용하지 않아도 됩니다.

....

....

생각하기: 그리스도 안에서 내가 이미 받은 것을 감사하는 게 왜 이렇게 힘들고, 아직도 해야 할 일들에만 마음이 가는 걸까요?

....
....

관찰하기: 영화 〈예수〉를 아직 보지 않았다면 부활 장면에 집중하여 보세요. 스크린에서 예수의 생명 이후의 기적이 얼마나 불충분하게 묘사되는지 생각해 보세요. 부활의 기적을 수행한 힘이 어떤 종류였는지 상상해 보세요. 이것이 당신 안에 있는 힘입니다!

고려하기: 당신이 그리스도 안에 있음과 그리스도가 당신 안에 있음에 대한 생각을 요약하세요.

....
....

03
세상, 육체 그리고 사탄과 싸우기

어떤 사람들은 이렇게 말합니다.

"오늘날 서구의 교회는 사탄에게 너무 쉬운 표적이 되었습니다. 우리는 우리가 전쟁 중이라는 것을 믿지 않습니다. 전쟁터가 어디에 있는지 모르고, 무기가 준비되지 않았고 적절한 목표를 향해 조준되지도 않았습니다. 우리는 얼마나 취약한지 인식하지 못하고 있습니다. 우리는 상륙 작전보다 퍼레이드에 더 적절한 것 같습니다."
- 에드 실보소, 연설가 및 사업가

"교만은 우리를 가짜로 만들고, 겸손은 우리를 진짜로 만듭니다." - 토머스 머튼, 신부

"사탄은 가장 약한 성도가 무릎을 꿇을 때 이를 보고 떨게 됩니다." - 윌리엄 카우퍼, 작가

끌려든 전쟁

"전쟁은 말 그대로 지옥이다."

이 말은 베트남 전쟁 이후 미국 사회 전반에 퍼졌던 분위기를 잘 보여 줍니다. 많은 이들은 이 전쟁이 뚜렷한 목적이나 정당한 이유 없이 치러진 싸움이라고 여겼습니다. 실제로 이 전쟁의 주요 설계자 중 한 명인 맥스웰 테일러 장군조차도 베트남 전쟁을 "내키지 않는 일"이라고 표현했습니다. 이 점에 대해 이견을 제기하는 사람은 거의 없습니다.

내키지 않는 일

하나님의 은혜로 구원받은 우리는, 곧바로 '영적 전쟁'이라는 부담스러운 싸움에 들어서야 하는 걸까요?

신앙은 "하나님이 있는 모습 그대로 사랑하신다"는 위로와 함께, 동시에 "이제는 열심히 싸워야 해!"라는 의무로 느껴지기도 합니다.

하지만 하나님은 우리가 생각하는 힘들고 내키지 않는 전쟁의 이미지조차도 새롭게 바꾸실 수 있습니다. 그분은 깨진 관계나 힘든 일처럼 전쟁이라는 개념도 회복하시고 의미 있게 바꾸실 수 있는 분이십니다.

그래서 그리스도인의 전쟁은 억지로 하는 싸움이 아니라, 하나님과 함께하는 의미 있는 모험이 될 수 있습니다. 하나님의 시선으로 보면, 영적 전쟁조차도 두려움이 아닌 소망과 목적을 행한 여정이 될 수 있는 것입니다.

"세상의 영향을 받지 않는 세대가 결국 세상을 변화시키는 세대가 된다." - 론 루스, 사업가

서사적인 전투

어린아이들은 전쟁 놀이를 참 좋아합니다. 집에 장난감 총이 없더라도, 집안의 거의 모든 물건을 무기처럼 들고 놀곤 합니다. 이런 놀이를 대부분의 아이들은 커 가면서도 어느 정도 유지합니다. 그렇지 않다면 전쟁 영화가 왜 그렇게 인기가 있겠습니까? 모든 문화에는 위대한 전쟁 이야기가 담겨 있습니다. 그것이 전설이든 실제 이야기든 상관없습니다.

우리 마음 깊은 곳에는 선이 악을 물리치길 바라는 열망이 있습니다. 어쩌면 하나님께서 이런 마음을 우리 안에 심으셨을지도 모릅니다. 우리가 싸우고 이기도록 만들어졌기 때문에, 이 전쟁이 단순한 싸움이 아니라 고귀한 일이 될 수 있는 겁니다.

그리스도를 따르는 우리도 사실은 알게 모르게 이 싸움에 참여하고 있습니다. 성경은 우리가 세상, 죄 된 본성(육체), 그리고 사탄과 싸우고 있다고 분명히 가르칩니다. 세상과 사탄의 체제는 우리 외부에 있지만, 이들은 우리를 죄로 유혹하고 넘어지게 만들 기회를 제공합니다. 즉, 우리는 단순히 싸움에 휘말린 게 아니라, 하나님이 주신 목적과 승리를 향해 싸우고 있는 것입니다.

핵심 주제

베트남 전쟁을 되돌아보며 테일러 장군은 "먼저, 우리는 우리 자신을 알지 못했습니다. 그리고 우리는 북베트남의 전략에 대해 제대로 알지 못했습니다. 호치민이 누구였습니까? 아무도 그를 정확히 알지 못했습니다. 그래서 적과 아군, 그리고 우리 자신을 알기 전까지는 이런 꺼려지는 일에 관여하지 않는 것이 좋습니다"라고 말했습니다.

2장에서 우리는 전투 준비의 첫 단계인 우리 자신을 알아가는 과정을 다루었습니다. 이제 3장에서는 우리의 적이 누구인지 그리고 어떻게 그들을 물리칠 수 있는지를 알아보겠습니다.

> 이번 장에서 우리는 다음 주제를 다룰 것입니다.
>
> 1. 영적 전투란 무엇입니까?
> 2. 세상과의 전투란 무엇입니까?
> 3. 육체와의 전투란 무엇입니까?
> 4. 사탄과의 전투란 무엇입니까?
> 5. 어떻게 승리를 거둘 수 있습니까?

1. 영적 전투란 무엇입니까?

에베소서 6:10-19을 주의 깊게 읽으세요. 전쟁, 적, 무기에 대해 무엇을 발견합니까?

....

....

영적 전쟁: 그것은 무엇입니까?

영적 전쟁은 보이지 않는 초자연적 차원에서 존재합니다. 사탄이 전능하신 하나님께 반역하고 있습니다. 모든 기독교인이 곧 발견하게 되듯이, 영적 전쟁은 보이지 않지만 절대적으로 실제합니다.

> "우리의 씨름은 혈과 육을 상대하는 것이 아니요 통치자들과 권세들과 이 어둠의 세상 주관자들과 하늘에 있는 악의 영들을 상대함이라"(엡 6:12).

영적 전쟁: 전투 복장과 무기

1850년대에 구식 조총이 라이플 소총으로 대체되면서, 전장에서 큰 변화가 일어났습니다. 그리고 연기 없는 화약이 발명되자 전장의 시야가 훨씬 더 선명해졌습니다. 이러한 변화로 유니폼의 색깔이 생명을 좌우할 만큼 중요한 문제가 되었습니다.

예를 들어, 영국 보병은 1890년대쯤부터 그 유명한 빨간 코트를 전투에서 입지 않게 되었습니다. 빨간색은 전장에서 너무 눈에 띄어 위험했기 때문입니다.

기독교인도 마찬가지입니다. 영적 전쟁에 나설 때 우리가 무엇을 입고 나가는지는 매우 중요합니다. 영적 싸움에는 특별히 준비된 무기와 갑옷이 필요합니다.

에베소서 6:13-18에서는 기독교인을 위한 전투복과 무기에 대해 구체적으로 설명하고 있습니다. 이 갑옷은 하나님의 능력으로 악과 맞서 싸우도록 돕는 영적인 보호 장비입니다.

> "그러므로 하나님의 전신 갑주를 취하라 이는 악한 날에 너희가 능히 대적하고 모든 일을 행한 후에 서기 위함이라 그런즉 서서 진리로 너희 허리띠를 띠고 의의 호심경을 붙이고 평안의 복음이 준비한 것으로 신을 신고 모든 것 위에 믿음의 방패를 가지고 이로써 능히 악한 자의 모든 불화살을 소멸하고 구원의 투구와 성령의 검 곧 하나님의 말씀을 가지라 모든 기도와 간구를 하되 항상 성령 안에서 기도하고 이를 위하여 깨어 구하기를 항상 힘쓰며 여러 성도를 위하여 구하라"(엡 6:13-18).

이 영적 갑옷은 무엇입니까? 우리에게 어떻게 적용됩니까?

영적 전쟁: 주 안에서 강해지기

영적 전쟁은 우리에게 일상의 현실입니다. 하지만 기억하세요. 우리는 이미 결과를 알고 있습니다. 우리가 전적으로 전쟁에서 승리합니다. 그러나 사탄은 이미 패배했을지라도 우리에게 최대한의 피해를 입히려고 무모한 행동을 시도할 수 있습니다.

> "끝으로 너희가 주 안에서와 그 힘의 능력으로 강건하여지고 마귀의 간계를 능히 대적하기 위하여 하나님의 전신 갑주를 입으라"(엡 6:10-11).

이 구절을 전투 연설로 다시 쓰세요. 당신이 전투에 임하는 영적 군인들을 준비시키는 장군이라면 어떻게 말할 것입니까?

....

....

2. 세상과의 전투란 무엇입니까?

세상과의 싸움은 우리를 하나님으로부터 멀어지게 하려는 적들과의 전쟁입니다. 여기서 말하는 '세상'은 물리적인 이 세상이 아니라, 우리의 마음을 하나님이 아닌 다른 것들에 집중하게 만드는 모든 것을 의미합니다. 그래서 우리는 이런 유혹들을 '세상'이라고 부릅니다.

미국 노스캐롤라이나주의 모토인 "보이는 모습이 아니라, 진정한 자신으로 살라"는 모든 그리스도인에게도 깊은 울림을 줍니다. 우리는 겉모습만 그럴듯해 보이는 삶을 살도록 부름 받은 것이 아닙니다. 하나님께서 원하시는 것은, 겉모양이 아니라 진실한 우리의 내면, 그리고 하나님의 뜻에 따라 살아가는 삶입니다. 진짜처럼 보이려 애쓰는 것이 아니라, 진짜로 살아가는 것, 그것이 그리스도인의 삶입니다.

문제는 우리가 사는 이 세상이 전부 겉모습에 집중한다는 것입니다. 세상은 거꾸로 된 가치관을 가지고 있어서, 정말 중요하지 않은 것을 중요하게 여깁니다.

모세는 시편 90:1에서 이렇게 기도했습니다. "주여 주는 대대에 우리의 거처가 되셨나이다." 이 말은 40년 동안 광야를 떠돌아다녔던 모세가 한 것입니다. 하지만 오늘날 우리 모든 그리스도인들에게도 동일하게 적용됩니다. 우리의 진정한 집은 우리가 사는 주소나 집이 아닙니다. 모세처럼 우리도 이 땅에서는 일시적으로 머무는 나그네일 뿐입니다.

세상이 제공하는 가치와 목표는 모두 일시적입니다. 하지만 영

적 세계는 영원합니다. 그래서 우리는 하나님의 말씀을 따라야 합니다. 하나님의 말씀은 우리가 이 땅의 일시적인 것들에 휘둘리지 않고 영원한 진정한 목적지로 나아가게 해주는 지도가 되기 때문입니다.

어떻게 이길 수 있는가?

우리가 '세상의 초보적인 원리들'(골 2:8)에 얽매여 있으면, 그리스도 안에서 누릴 수 있는 참된 자유와 기쁨을 경험하지 못합니다. 세상의 부, 명성, 지위를 기준으로 살아가면, 우리는 성경에서 가르치는 영원한 가치에서 점점 멀어지게 됩니다.

세속적인 것들은 단순히 우리가 먹고 마시고 보는 것에만 영향을 주는 것이 아닙니다. 우리를 하나님의 기준이 아닌 세상의 기준에 맞추도록 끌어당기는 강력한 힘입니다. 이런 힘은 마치 내부의 자석처럼 작용하며, 우리 대부분은 태어날 때부터 이런 생각에 영향을 받아 왔습니다.

하지만 중요한 사실은, 사탄과의 전쟁에서 이미 승리한 것처럼 이 전쟁에서도 승리가 확정되었다는 것입니다. 이 전쟁은 우리가 눈에 보이는 것에 얽매이지 않고 위에 계신 하나님과 함께 사는 삶입니다. 우리는 이미 그 삶 속에 들어와 있습니다. 이제 필요한 것은 영적인 눈을 뜨고 하나님의 시각으로 세상을 바라보는 일입니다.

에베소서 6:12을 묵상하십시오. 세상의 힘 뒤에는 누가 있습니까?

....

....

요한일서 2:15-17을 보십시오. 우리가 싸우는 세상의 세 가지 요소는 무엇입니까?

....

....

세상의 시스템의 끌어당김을 어떻게 경험했습니까?

....
....

로마서 12:1-2을 읽으세요. 이 구절들을 세상과의 전쟁에 어떻게 적용할 수 있습니까?

....
....

하나님 나라의 평화는 신비주의자나 수도사 같은 특별한 사람들만 누리는 것이 아닙니다. 물론, 옛 사람들은 세상의 헛됨과 인생의 짧음 그리고 다가올 영원한 삶에 대해 깊이 생각하곤 했습니다. 이런 생각은 종종 사람들을 동굴이나 수도원으로 숨게 만들었습니다.

하지만 우리도 그런 방식으로 살아야 하는 건 아닙니다. 우리의 소망과 정체성을 하나님의 영원한 약속에 두면, 이 세상의 환경을 초월할 수 있습니다. 이는 단 한 번의 선택이 아니라, 매일 반복해서 해야 하는 선택입니다.

"너희가 섬길 자를 오늘 택하라"(수 24:15).

다음 구절들을 반영하여 우리의 세상과의 갈등과 관련된 점을 기록하세요.

누가복음 9:23-25

....
....

요한복음 17:14-17

....
....

빌립보서 4:8

....
....

3. 육체와의 전투란 무엇입니까?

이전 장에서 그리스도 안에서의 우리의 정체성에 대해 읽으면서, '하지만 그건 내 경험과는 다르잖아! 나는 그런 사람이 아닌데?'라고 생각할 수도 있습니다. 진리와 실제 경험 사이에 차이가 느껴질 수 있습니다. 이런 느낌을 받는다면, 당신은 혼자가 아닙니다. 성경에서는 우리가 아직 구원의 완전한 충만함을 기다리고 있다고 말합니다(롬 8:23). 우리가 살아 있는 동안 여전히 우리 안에 우리의 옛 욕구, 태도, 기억, 습관은 남아 있어 그리스도 안에서 살아가는 새로운 삶과 싸우게 됩니다.

육체와의 전투가 단지 외적인 행동만을 바꾸는 싸움이라면, 수도원은 사람들로 넘쳐날 것입니다. 우리는 모두 낙타 털옷을 입고 자아를 채찍질할 수도 있습니다. 하지만 그런 극단적인 행동은 육체와의 전투에서 필요하지도 않고 효과적이지도 않습니다. 이 싸움에서 중요한 것은 우리가 누구인지를 아는 것입니다. 우리가 누구의 소유인지, 즉 하나님께 속해 있다는 사실을 이해하는 것이 핵심입니다. 빌립보서 2:13은 "너희 안에서 행하시는 이는 하나님이시니 자기의 기쁘신 뜻을 위하여 너희에게 소원을 두고 행하게 하시나니"라고 말씀합니다. 즉, 하나님께서 이미 우리 안에 육체를 이기려는 욕구와 힘을 주셨습니다. 하나님은 우리가 싸움에서 이기도록, 그리고 그 싸움을 갈망하도록 만드셨습니다.

로마서 7:22-23을 연구하십시오. 이 구절들은 내부 갈등의 본질에 대해 무엇을 말하고 있습니까?

....
....

갈라디아서 5:19-21에서 바울은 육체에 대해 이야기합니다. 육체의 표현 중 일부는 무엇입니까?

....
....

당신은 그중 어떤 것과 싸우고 있습니까?

....
....

이 전선에서 적과 싸우기 위해 어디서부터 시작해야 하나요? 다음 구절들을 보고 각 구절에서 도움이 되는 적용점을 기록하세요.

로마서 6:6-7

....
....

로마서 6:12-13

....
....

로마서 8:12-13

....
....

갈라디아서 5:16, 25

....
....

4. 사탄과의 전투란 무엇입니까?

사탄의 여러 이름들
사탄은 '대적자'를 의미하지만, 성경을 보면 그에 대한 많은 다른 이름과 묘사가 있습니다. 이러한 것들을 통해 사탄에 대해 무엇을 배울 수 있는지 살펴보겠습니다.

다음 구절에서 사탄은 어떻게 묘사되고 있습니까?

마태복음 13:19

....

요한복음 8:44

....

요한복음 16:11

....

고린도후서 4:4

....

데살로니가전서 3:5

....

베드로전서 5:8

....

요한계시록 12:3-9

....

사탄의 전략
교활한 운영자, 우리는 그의 성경적인 이름과 묘사로부터 사탄에 대해 많은 것을 배웠습니다. 그의 행동을 관찰함으로써 더 많은 것을 배울 수 있습니다.

사례 연구 A: 아담과 하와
창세기 3:1-5를 읽으세요. 첫 남자와 여자가 한 가지 명령, 즉 특정 나무의 열매를 먹지 말라는 명령을 받았던 것을 기억할 것입니다.

1절에서 사탄은 하와에게 어떻게 질문을 합니까?

....
....

하와는 하나님의 지침을 반복하며 자신의 비틀림을 추가했습니다. 하와의 말처럼, 하나님은 열매를 만지지 말라고 하셨습니까? 4-5절에서 뱀은 어떻게 응답합니까?

....
....

사례 연구 B: 예수님

예수님은 때때로 '두 번째 아담'이라고 불립니다(로마서 5장을 참조하세요). 그분도 사탄의 속임수에 직면하셨습니다. 마태복음 4:1-11을 읽으세요.

사탄은 예수님을 처음에 어떻게 유혹합니까?(3절)

....
....

5-6절에서 사탄은 무엇을 사용하여 예수님을 유혹합니까?

....
....

8-9절에서 무엇이 걸려 있습니까?

....
....

사탄은 어떤 개인적인 목표를 드러내고 있습니까?

....
....

예수님은 각 유혹에 어떻게 대응하십니까?

....

....

이 두 사례 연구를 통해, 사탄의 전략에서 어떤 유사점을 찾을 수 있습니까?

....

....

누가복음 22:31에서 사탄의 일이 어떻게 묘사됩니까?

....

....

5. 어떻게 승리를 거둘 수 있습니까?

예수님께는 성경을 암송하는 것이 유혹과 싸우는 중요한 무기였습니다. 믿는 자로서 우리도 성경을 암기함으로써 그분의 모범을 따를 수 있습니다. 이제 우리는 사탄의 작동 방식에 대해 알게 되었으니, 일관된 전투 계획이 필요합니다.

방어벽 확립하기

에베소서 4:27은 또 다른 방어 방법을 언급합니다. 이 구절은 사탄에 대항하여 방어하도록 우리를 어떻게 격려합니까?

....

....

베드로전서 5:8-9에서 사탄은 어떻게 묘사됩니까?

....

....

9절에 설명된 지식은 무엇이 유용합니까?

....

....

마지막 남은 자

로빈 후드 이야기에서, 리틀 존은 큰 체격을 가진 인물이지만 메리 맨의 리더인 로빈 후드를 보조하는 역할을 합니다. 진정한 영웅은 리틀 존이 아니라 로빈 후드입니다. 초반에 있었던 한 장면만 달랐더라면, 이야기는 전혀 다른 방향으로 흘러갔을 수도 있습니다.

두 사람이 셔우드 숲의 다리 위에서 처음 만났을 때, 결투 끝에 로빈은 발을 헛디뎌 시냇물로 떨어지고 말지요. 하지만 우리 모두는 이 이야기가 결국 어떻게 끝나는지 잘 알고 있습니다. 로빈 후드는 메리 맨의 리더가 되어 사악한 노팅엄의 보안관을 물리치고, 모든 영광을 차지하게 됩니다.

우리가 발을 잘못 디디고 넘어질 수도 있지만, 하나님께서 결국 모든 것을 통제하고 계심을 알고 있습니다. 그분은 적을 이기실 것이고, 모든 영광을 받으실 것입니다.

공격 준비하기

'공격이 최선의 방어'라고 자주 말합니다. 요한계시록 12:11을 읽으세요. 기독교인들은 사탄을 이기는 전투에서 어떤 무기를 가지고 있습니까?

....

....

야고보서 4:7은 우리에게 하나님께 복종하라고 말합니다. 요한일서 2:3-4에 따르면 우리의 복종을 나타내는 것은 무엇입니까?

....
....

하나님의 계명에 대한 순종이 어떻게 사탄의 일을 좌절시킬 수 있습니까?

....
....

정찰 보고서

다가오는 한 주를 생각해 보세요. 사탄의 공격을 받을 가능성이 있나요? 사탄이 공격 기회를 찾을 수 있는 시간과 장소를 예상해 보세요. 효과적인 전투를 위해 어떤 공격이나 방어 전략을 세울 수 있을까요?

....
....

최종 결과

열정적인 축구 팬은 그가 가장 좋아하는 팀의 경기를 녹화합니다. 실제 경기를 보는 동안 그는 안절부절못하고 땀을 흘리지만, 녹화된 경기는 즐기며 봅니다. 결과를 알고 있을 때 스트레스는 놀랍도록 많이 줄어듭니다.

성경은 우리의 역사—과거, 현재, 미래의 모든 하이라이트를 기록합니다. 승자는 결정되었습니다. 믿는 사람들이 매일 전투를 치러야 하지만, 최종 결과를 알기 때문에 흥분과 자신감을 가지고 싸울 수 있습니다. 하나님은 승리하시고 우리도 승리합니다.

"피조물이 다 이제까지 함께 탄식하며 함께 고통을 겪고 있는 것을 우리가 아느니라 그뿐 아니라 또한 우리 곧 성령의 처음 익은 열매를 받은 우리까지도 속으로 탄식하여 양자 될 것 곧 우리 몸의 속량을 기다리느니라"(롬 8:22-23).

"인자가 자기 영광으로 모든 천사와 함께 올 때에 자기 영광의 보좌에 앉으리니 모든 민족을 그 앞에 모으고 각각 구분하기를 목자가 양과 염소를 구분하는 것 같이 하여 양은 그 오른편에 염소는 왼편에 두리라 그때에 임금이 그 오른편에 있는 자들에게 이르시되 내 아버지께 복 받을 자들이여 나아와 창세로부터 너희를 위하여 예비된 나라를 상속받으라"(마 25:31-34).

"내가 들으니 보좌에서 큰 음성이 나서 이르되 보라 하나님의 장막이 사람들과 함께 있으매 하나님이 그들과 함께 계시리니 그들은 하나님의 백성이 되고 하나님은 친히 그들과 함께 계셔서 모든 눈물을 그 눈에서 닦아 주시니 다시는 사망이 없고 애통하는 것이나 곡하는 것이나 아픈 것이 다시 있지 아니하리니 처음 것들이 다 지나갔음이러라"(계 21:3-4).

"그러므로 내 사랑하는 형제들아 견실하며 흔들리지 말고 항상 주의 일에 더욱 힘쓰는 자들이 되라 이는 너희 수고가 주 안에서 헛되지 않은 줄 앎이라"(고전 15:58).

듣기: "보이지 않는 전쟁" - Bryan Loritts
듣기: "전투를 위한 복장" - Stephen Davey

> ### 성구 암송: 세상, 육체, 그리고 사탄과 싸우기
>
> "근신하라 깨어라 너희 대적 마귀가 우는 사자 같이 두루 다니며 삼킬 자를 찾나니 너희는 믿음을 굳건하게 하여 그를 대적하라 이는 세상에 있는 너희 형제들도 동일한 고난을 당하는 줄을 앎이라"(벧전 5:8-9).

관련 자료

The Screwtape Letters, C. S. Lewis

The Strategy of Satan, Warren Wiersbe

Tempted and Tried, Russell Moore

Scripture Memory Verses, Book 2

더 깊이 들어가기

이 섹션은 도전적인 질문, 오디오 추천, 자기 성찰 연습을 통해 조금 더 깊이 나아갈 수 있도록 돕기 위한 것입니다. 이 섹션은 선택 사항이므로 모두 사용하거나 일부를 사용하거나 또는 전혀 사용하지 않아도 됩니다.

생각하기: 주변에 싸움이 있다는 것을 얼마나 자주 인식합니까, 혹은 인지하지 못하고 있습니까?

....
....

관찰하기: C.S. 루이스의 고전 아동 도서를 바탕으로 한 영화 〈나니아 연대기: 사자, 마녀 그리고 옷장〉을 보세요. 백마녀가 우리의 영적인 적을 어떻게 의인화하고 있습니까?

....

....

고려하기: 어린 시절, 사탄에 대한 당신의 인식은 어떠했습니까?

....

....

04 유혹 다루기

갈림길

크리스토퍼 맥캔들리스는 1990년에 에모리 대학교를 졸업한 뒤, 자신의 전 재산을 자선단체에 기부하고 '알렉스 슈퍼트램프'라는 이름으로 2년간의 미국 횡단 여행을 시작했습니다. 그는 문명에서 벗어나 자연 속에서 독립적으로 살아갈 수 있다는 자신감을 품고 알래스카의 외진 지역으로 들어갔습니다.

하지만 그의 여정은 비극으로 끝났습니다. 그는 식량을 구하려고 나갔다가 결국 데날리 국립공원 인근의 버려진 버스 안에서 굶주림과 고통 속에 생을 마감했습니다. 버스 문에 붙어 있었던 그의 마지막 메시지에는 이렇게 적혀 있었습니다.

"S.O.S. 제발 도와주세요. 저는 부상을 입었고 거의 죽게 되었습니다. 하나님의 이름으로 제발 도와주세요."

하지만 그가 도움을 요청하기에는 이미 너무 늦은 순간이었습니다.

이 이야기는 중요한 교훈을 줍니다. 크리스는 자연 속에서 혼자 살아갈 수 있다는 자기 신뢰를 의지했고 생존에 필요한 경험이나 지식이 부족한 상태에서 혼

자의 힘으로 모든 것을 해결하려 했지만, 그 선택이 결국 그를 죽음으로 이끌었습니다. 비극은 그가 포기했기 때문이 아니라, 도움을 요청하기엔 너무 늦었기 때문이었습니다.

그리스도인의 삶 역시 때로는 험난한 하이킹과도 같습니다. 그 여정의 끝에는 산 정상에서 마주하게 될 아름다운 풍경이 기다리고 있습니다. 유혹은 단지 나쁜 습관이나 도덕적 실패로 이끄는 것만을 의미하지 않습니다. 때로는 방향을 바꿔야 할 순간에도 계속 그 자리에 머물도록 유혹하는 것일 수 있습니다.

우리는 때로 자신의 힘만으로 버텨야 한다는 유혹에 빠지기 쉽지만, 진정한 지혜는 도움을 요청하고, 하나님을 의지하는 것에서 시작됩니다.

어떤 사람들은 이렇게 말합니다.

"유혹을 받는 것과 넘어지는 것은 다른 일이다." - 윌리엄 셰익스피어, 영국 극작가

"순종은 모든 문을 여는 열쇠이다. 그러나 감정은 하나님이 원하시는 대로 오거나 오지 않을 수 있다. 우리는 그것을 의지대로 만들어 낼 수 없고, 시도해서는 안 된다." - C. S. 루이스, 교수 및 작가

"나는 모든 것에 저항할 수 있지만, 유혹에는 저항할 수 없다." - 오스카 와일드, 작가

"유혹을 피하는 좋은 방법은 여럿 있지만, 가장 확실한 방법은 겁쟁이처럼 피하는 것이다." - 마크 트웨인, 유머 작가 및 작가

"나는 죄를 오래도록 이기는 방법은 하나님 안에서 더 큰 만족을 얻어 죄에 대한 혐오감을 갖는 것밖에 없다고 생각한다." - 존 파이퍼, 작가

핵심 주제

크리스토퍼 맥캔들리스는 긴 여행 중 여러 차례 도움을 거부했습니다. 도움을 받을 수 있음에도 그의 고집스러운 거부는 결국 모험을 악몽으로 만들었습니다. 이 장을 유혹의 험난한 지형을 통과하는 여행 가이드로 간주하세요. 순종, 유혹 및 고백과 관련된 네 가지 영역을 살펴보겠습니다.

1. 유혹 이해하기
2. 어떻게 다시 바른길을 찾을 수 있습니까?
3. 어떻게 바른길을 유지할 수 있습니까?
4. 순종의 열매

유혹은 피할 수 없을 만큼 항상 우리 주변에 있으며, 처음부터 알아차리기 어렵고, 혼자 있을 때 가장 강하게 다가온다.

1. 유혹 이해하기

욕망의 속임수

야고보서 1:13-15을 읽으세요. 유혹의 출처는 무엇입니까?

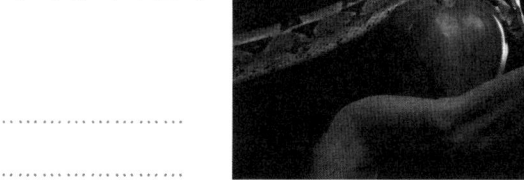

....

....

04. 유혹 다루기 **55**

이것이 전투를 더 어렵게 만드는 이유는 무엇입니까?

....
....

이 구절들에 따르면, 유혹이 어떻게 우리를 올바른 길에서 벗어나게 합니까?

....
....

죄와 유혹 사이에 차이가 있다고 생각합니까? 그렇다면, 둘을 어떻게 구별하시겠습니까?

....
....

유혹에 직면했을 때 가장 어려운 점은 무엇입니까?

....
....

실패했을 때 어떻게 느끼십니까?

....
....

출구 찾기

고린도전서 10:13에서 유혹에 대해 세 가지 보장은 무엇이라고 말합니까?

....
....

경험의 목소리

히브리서 4:14-16을 읽으세요. 예수님은 우리의 유혹에 관해 어떤 도움을 제공하십니까?

....
....

16절에 따르면, 유혹에 직면했을 때 무엇을 해야 합니까?

....
....

2. 어떻게 다시 바른길을 찾을 수 있습니까?

솔직해지기

남자들이 길을 물어 보는 것을 꺼리는 이유는 잘 알려져 있습니다. 그러나 어느 시점에서든 우리는 모두 올바른 길로 돌아가야 합니다. 인생에서 가장 어려운 도전 중 하나는 우리가 잘못했거나 길을 잃었다는 것을 인정하는 것입니다. 우리가 죄를 지을 때, 선택의 기로에 서게 됩니다. 고백하고 용서를 받거나, 하나님과 불일치하고 죄책감과 깨어진 관계에 직면하는 것입니다. 하지만 그런 결과는 우리가 본래 피하도록 만들어진 것들입니다.

'고백'이라는 말은, 때로 사형수를 앞에 둔 절박한 순간이나 어두운 고해성사의 조용한 분위기를 떠올리게 합니다. 우리 모두 "고백은 영혼에 좋다"라는 말을 들어본 적이 있을 것입니다. 그렇다면, 이 말의 진짜 의미는 무엇일까요? 성경은 '고백'에 대해 무엇이라고 말씀하고 있을까요? 함께 살펴보도록 합시다.

요한일서 1:9에 따르면 고백의 결과는 무엇입니까?

....

....

요한일서 2:12에서는 우리의 죄가 이미 용서받았다고 말합니다. 그렇다면 왜 죄를 고백하는 것이 중요한가요?

....

....

혼자 하지 마세요

고백은 단지 개인적인 문제일까요? 야고보서 5:16에서 말하는 두 가지의 관계 속 행동은 무엇을 말해 주고 있을까요?

....

....

야고보서에서 언급된 유형의 기독교 친구를 가지고 있습니까?

....

....

깊은 필요를 나눌 수 있는 사람의 이름을 적어 보세요.

....
....

다른 사람에게 당신의 결점이나 약점을 고백할 때 어떤 도움을 받았습니까?

....
....

이 제자훈련 과정에서 다른 사람들과 자신의 어려움과 해결의 경험을 나누고, 그들이 어려움을 나눌 때 경청하고 은혜롭게 격려해 주세요.

....
....

3. 어떻게 바른길을 유지할 수 있습니까?

하나님은 우리가 숲 속에 홀로 남겨지도록 내버려두지 않으십니다. 하나님은 우리에게 길을 찾도록 도와주겠다고 약속하셨습니다. 부모님, 상사, 혹은 권위자에게 순종하는 것은 비교적 쉬운 일일 수 있습니다. 왜냐하면 그들을 볼 수 있고 그들의 말을 들을 수 있기 때문입니다. 그러면 보이지 않는 하나님께 순종한다는 것은 어떻게 하는 것일까요? 우리가 좁고 바른길에 있다는 것을 어떻게 알 수 있을까요? 디모데후서 3:16에서 성경이 주는 유익한 방법들을 찾아볼 수 있습니다.

디모데후서 3:16을 보고 성경이 사용되는 방식을 찾으세요.

1. 가르침(믿고 행해야 할 것) - 올바른 길을 보여 줍니다.
2. 책망(죄를 인식하는 것) - 당신이 길을 잃은 곳을 보여 줍니다.
3. 바로잡음(어떻게 바꿀 것인가) - 다시 길을 찾는 방법을 보여 줍니다.

4. 훈련(어떻게 살 것인가) - 길을 지키는 방법을 보여 줍니다.

이것을 자신의 말로 어떻게 표현할 수 있습니까?

....

....

예수님은 자신의 양들이 그분의 음성을 듣고 따를 것이라고 말씀하셨습니다. 우리는 성경과 기도를 통해 예수님의 음성을 들을 수 있습니다. 또한 예수님 자신이 보여주신 본을 따릅니다. 지혜로운 그리스도인의 조언을 구하기도 합니다. 하나님은 종종 매우 분명한 인도를 제공하십니다. 문제는 대개 이해의 문제가 아니라 의지의 문제입니다. 다음 장에서는 우리가 길을 벗어났을 때 무슨 일이 일어나는지 살펴보겠습니다.

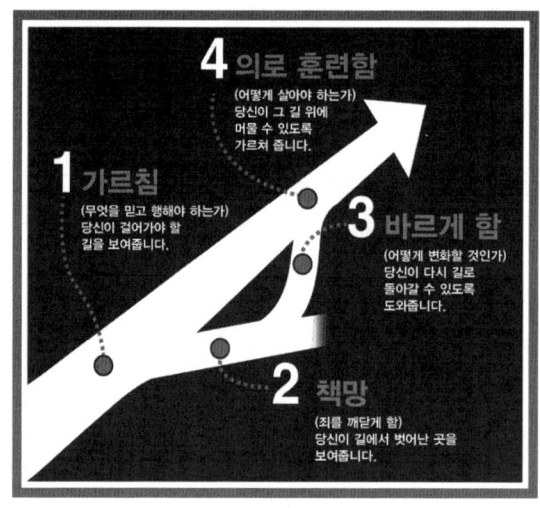

요한복음 10:27에서 예수님은 자신을 따르는 자들이 무엇을 할 것이라고 말씀하십니까?

....

....

시편 119:11은 우리가 무엇을 할 수 있다고 제안합니까?

....

....

성경 구절을 암기하는 것이 어떻게 순종을 격려할 수 있습니까?

....

....

요한일서 2:6은 우리가 순종할 수 있는 또 다른 방법에 대해 집중하고 있습니다. 그것은 무엇입니까?

....

....

순종은 몸, 영혼, 마음, 정신의 문제입니다. 로마서 6:12-14은 우리가 우리의 몸으로 어떻게 순종할 수 있다고 말합니까?

....

....

이 구절이 당신의 삶의 어떤 영역에 적용된다고 생각합니까?

....

....

잠언 13:20을 읽으세요. 이 구절은 당신의 동료 선택과 그 선택이 어떻게 순종에 도움이 된다고 말합니까?

....
....

4. 순종의 열매

만약 순종이 자연스럽게 이루어진다면 얼마나 좋을까요! 부모(또는 자녀)였던 사람은 순종이 자연스럽지 않다는 것을 알고 있습니다. 아이들은 반항할 경향을 가지고 태어납니다. 이것은 아담과 하와가 에덴에서 불순종한 이후로 계속되어 왔습니다. 어느 시점에서 아이들은 부모에게 왜 순종해야 하는지 묻습니다. 우리가 편안하게 인정하든 안 하든, 기독교인들도 결국 유사한 질문을 해결해야 합니다. 우리는 왜 그리고 무엇을 순종해야 하는지 이해해야 합니다.

요한복음 14:21에서 단순한 순종의 동기는 무엇입니까?

....
....

사랑이 어떻게 순종으로 귀결됩니까?

....
....

요한복음 14:21을 다시 읽으세요. 우리의 사랑의 순종에서 무엇이 더 생겨납니까?

....
....

시편 119:9은 하나님께 순종하는 것이 우리의 길을 순수하게 유지하는 데 도움이 된다고 말합니다. 이것이 어떻게 작동합니까?

마태복음 7:24-27은 예수님의 비유를 제공합니다. 이 이야기의 메시지를 자신의 말로 요약하세요.

우리에게 희망이 있습니다

구약성경에서 다윗 왕은 다른 남자의 아내 밧세바를 범하는 유혹에 넘어갔으며, 그 결과는 심각했습니다. 그러나 다윗은 죄를 고백하고 회개했습니다.

사도행전 13:22을 보세요. 하나님은 다윗에 대해 무엇이라고 말씀하십니까? 그리고 이것이 어떻게 당신에게 희망을 줍니까?

전환하기

우리의 뇌는 강력한 도구입니다. 그래서 의학적인 죽음의 정의는 '뇌 활동 정지'입니다. 인간의 뇌에는 천억 개 이상의 뉴런이 있으며, 각 뉴런은 최대 1만 개의 다른 뉴런과 연결되어 있습니다. 비록 우리가 멀티태스킹, 즉 병렬 사고를 수행할 수 있지만, 우리의 강력한 뇌는 여전히 집중할 때 가장 잘 작동합니다. 우리는 뇌 영양 보충제를 섭취하고 집중의 기술을 배우기 위해 세미나에 참석하기도 합니다. 이는 우리가 생각하는 것이 우리가 할 수 있는 것을 제한하거나 확장하기 때문입니다. 유치원 첫날부터 우리는 집중의 필요성을 경험합니다.

중학교에 이르면, 성적표의 성적이 우리의 집중력과 연결되어 있음을 알게 됩니다. 광고에 따르면, 과식이나 흡연과 같은 나쁜 습관도 집중력으로 충분히 정복할 수 있다고 합니다. 그렇다면 어떻게 집중할 수 있을까요?

간단한 연습을 시도해 보세요. 숫자 4에 대해 생각해 보세요. 몇 초 동안 4에 집중하세요. 이제 4를 생각하는 것을 멈추세요. 이제 4의 생각을 없애 버리세요! 그것은 어렵지 않나요? 마지막으로 숫자 2에 대해 생각해 보세요. 생각을 2에 집중하세요. 만약 당신의 뇌가 대부분의 사람들과 마찬가지로 기능한다면, 이제 당신은 4 대신 2에 대해 생각하고 있습니다. 당신은 전환하기의 유용한 기술을 경험했을 것입니다.

> "끝으로 형제들아 무엇에든지 참되며 무엇에든지 경건하며 무엇에든지 옳으며 무엇에든지 정결하며 무엇에든지 사랑 받을 만하며 무엇에든지 칭찬받을 만하며 무슨 덕이 있든지 무슨 기림이 있든지 이것들을 생각하라"(빌 4:8).

바울의 권고는, 우리의 마음을 진실하고 선한 것으로 가득 채워 죄 된 생각이 자리를 잡지 못하게 하라는 것입니다. 유혹이 찾아오겠지만, 당신의 마음이 훌륭한 것들에 집중되어 있다면 악한 영이 당신을 속이기는 어렵습니다. 사탄은 당신이 허용한 만큼만 영향을 줄 수 있으니, 사탄에게 당신의 마음에 영향을 미칠 기회를 허용하지 마세요.

이것은 단순히 인위적인 정신적 조작이 아닙니다. 하나님께서 우리 마음을 만드신 방식에 기반한 것입니다. 여기 우리의 사고방식을 '새롭게' 할 수 있는 몇 가지 기본적인 연습이 있습니다. 2주 동안 매일 감사할 일 10가지를 목록으로 작성하세요. 2주가 지난 후 되돌아보며 당신의 전반적인 태도에서 어떤 변화가 있었는지 관찰해 보세요.

또 다른 방법이 있습니다. 유혹을 받을 때, 그 순간을 친구와 그의 어려움을 위해 기도하는 데 사용하세요. 유혹이 사라지는 것을 경험하며 이 단순한 연습이 얼마나 놀라운 것인지 알게 될 것입니다.

리더 따라가기

순종은 단순한 의지력의 결과가 아닙니다. 하나님의 은혜를 경험한 사람에게 순종은 그 은혜를 주신 분께 드리는 지속적이고 깊은 감사의 편지입니다. 감사의 소통은 궁극적으로 우리가 감사하는 분과의 친밀함으로 이어집니다. 그뿐만 아니라, 하나님께 순종하는 것은 그분이 만드신 세상에서 사는 유일하게 이성적인 방법입니다. 다른 모든 길은 자기 파멸로 이어집니다. 일상에서 항상 바울의 말씀을 마음에 새기세요.

"부지런하여 게으르지 말고 열심을 품고 주를 섬기라 소망 중에 즐거워하며 환난 중에 참으며 기도에 항상 힘쓰며 성도들의 쓸 것을 공급하며 손 대접하기를 힘쓰라"(롬 12:11-13).

아마도 가장 절실하고 강력한 기도는 "도움이 필요합니다"일 것입니다. 우리가 하나님께 이 말을 할 때, 그분이 우리를 도와주셔야 한다는 우리의 절박한 필요를 인정하는 것입니다.

"그러므로 너희가 그리스도 예수를 주로 받았으니 그 안에서 행하되"(골 2:6).

당신의 신앙 초기 기도는 어떠했나요? 이때 하나님께 부르짖었던 경험과 지금의 일상적인 경험은 어떻게 유사합니까?

....

....

> ### 성구 암송
>
> "사람이 감당할 시험 밖에는 너희가 당한 것이 없나니 오직 하나님은 미쁘사 너희가 감당하지 못할 시험 당함을 허락하지 아니하시고 시험 당할 즈음에 또한 피할 길을 내사 너희로 능히 감당하게 하시느니라"(고전 10:13).

"승리는 내가 죄를 이기는 것이 아닙니다. 승리는 그리스도가 나를 이기는 것입니다." - 웨인 바버, 목사 및 작가

이번 과를 검토하세요. 하나님께서 당신에게 어떤 새로운 통찰력을 주셨나요?

....

....

이번 과 전체에서 유혹을 다루는 데 있어서 고백, 순종 및 전환의 중요성에 대해 논의했습니다. 이번 주에 이러한 방법 중 하나를 어떻게 실천할 수 있을까요?

....

....

듣기: A DESPERATE STRUGGLE BY CRAWFORD LORITTS
듣기: PSST... HAVE YOU HEARD? BY STEPHEN DAVEY

관련 자료

Everyman's Battle, Stephen Arterburn and Fred Stoeker

Every Woman's Battle, Shannon Ethridge and Stephen Arterburn
A Journey to Victorious Praying, Bill Thrasher
Scripture Memory Verses, Book 2

더 깊이 들어가기

이 섹션은 도전적인 질문, 오디오 추천, 자기 성찰 연습을 통해 조금 더 깊이 나아갈 수 있도록 돕기 위한 것입니다. 이 섹션은 선택 사항이므로 모두 사용하거나 일부를 사용하거나 또는 전혀 사용하지 않아도 됩니다.

생각하기: 고린도후서 3:18을 읽으세요. 우리는 죄를 짓지 않으려 노력해야 합니까, 아니면 하나님을 아는 것에 집중해야 합니까?

관찰하기: 영화 〈미션〉을 보세요. 영화에서 고백과 회개가 어떻게 묘사됩니까? 메시지 중 어떤 것이 진실하고 성경적인가요? 또 어떤 것이 그렇지 않은지요?

고려하기: 히브리서 12:1-13을 읽으세요. 이 구절에서 어떤 것이 당신에게 격려가 되나요? 어떤 것이 어려운가요?

05 성령 발견하기

어떤 사람들은 이렇게 말합니다.

"성령에 관심을 가진 사람은 별로 없습니다. 그러나 성령의 사역이 없었다면 복음도, 믿음도, 교회도, 세상에 기독교도 없을 것입니다." - J. I. 패커, 신학자 및 작가

"성령은 오랫동안 삼위일체의 신데렐라로 여겨졌습니다. 다른 두 자매는 신학적 무도회에 참석했지만, 성령은 매번 빠졌습니다." - 알리스터 맥그래스, 작가

"기독교인의 삶은 우리 안에 있는 그리스도의 삶입니다. 성령을 순간순간 의지하지 않으면 이러한 수준의 삶은 불가능합니다." - 켄 보아, 작가

이름의 의미는 무엇입니까?

하나님의 이름은 오늘날 우리의 문화 속에서 너무 익숙하게 사용되고 있습니다. 많은 사람들이 일상 대화 속에서 하나님의 이름을 자주 언급하지만, 문제는 그 이름을 가장 열정적으로 부르는 순간이 종종 욕설이나 분노의 표현일 때라는 점입니다. 예를 들어, 이웃이 차고에서 망치를 잘못 내려쳐 손가락을 찧으면, 그의 외침이 거실까지 들릴 수 있습니다. 친구가 도로에서 교통 위반 티켓을 받았을 때도 예수님의 이름이 튀어나올 수 있습니다. 그만큼 하나님의 이름이 종종 진심이나 경외심 없이, 습관처럼 사용되고 있지만 그런 식으로 심한 말을 쓰는 사람들도 성령님을 외치는 경우는 거의 없습니다.

대화에서 하나님의 이름을 사용하는 것에 대부분의 사람들이 편안함을 느끼지만, 성령에 대해서는 그렇지 않습니다. 성령은 삼위일체 중에서도 소외된 분입니다. 심지어 그의 이름도 신비로워 보입니다. 킹제임스 성경에서는 그를 '거룩한 유령'이라고 부릅니다. 정말 으스스하지 않나요? 많은 신자들에게 그의 사역은 여전히 모호합니다. 성령은 누구이며, 그의 존재가 당신의 삶에 어떤 의미가 있나요? 성경은 성령에 대해 많은 것을 말해 줍니다.

핵심 주제

이 섹션에서는 네 가지 질문을 살펴보겠습니다.

1. 성령은 누구입니까?
2. 누가 성령을 받습니까?
3. 성령은 무엇을 하십니까?
4. 성령과 함께 살며 동행하는 방법

"기독교인의 삶은 우리 안에 있는 그리스도의 삶입니다. 성령을 순간순간 의지하지 않으면 이러한 수준의 삶은 불가능합니다." – 켄 보아, 작가

1. 성령은 누구입니까?

성령은 인격이십니다

때때로 어떤 아버지들은 태어나지 않은 아이를 '그것'(It)이라고 부르곤 합니다. 아내와는 달리, 그는 아직 그 아이와 정서적으로 연결되지 않았기 때문입니다. 하지만 아기를 처음 품에 안는 순간, 상황은 완전히 달라집니다. 그 순간부터 그 아이는 더 이상 '그것'이 아니라, 자신의 아들이자 딸로서 살아 있는 인격체로 다가옵니다. 그제서야 그는 진짜 생명, 진짜 관계를 느끼기 시작합니다.

우리도 종종 성령을 이렇게 대하지 않나요? 우리는 성령과 충분히 익숙하지 않아서 '그것'이라고 부르기 쉽습니다. 성경은 결코 이 실수를 하지 않습니다. 성령은 항상 '그'로 묘사됩니다. 그는 삼위일체 하나님의 세 멤버 중 하나입니다. 우리는 그와 밀접하게 연결되어 있으며, 그를 알게 되면 모든 것이 변할 것입니다.

창세기 1:2을 읽고 하나님의 영에 대한 언급을 설명해 보세요.

....
....

성령은 하나님이시기 때문에 항상 존재하셨습니다. 시편 139:7-8을 읽으십시오. 이 구절들에 따르면 성령은 어디에 계십니까?

....
....

낮은 프로필, 높은 능력

타르벨라 댐은 세계에서 가장 큰 흙으로 만든 댐입니다. 이 댐은 너무 커서 그 위에 새겨진 글씨가 우주에서도 보입니다. 파키스탄의 인더스강에 위치한 이 댐은 나라의 모든 수력 발전의 주요 원천입니다. 그렇지만 이 댐이 제공하는 전기를 사용하는 대부분의 사람들은 그 댐을 본 적이 없습니다. 그들이 사용하는 전기에 대해 이야기할 때, 대부분의 대화는 전기 요금이나 서비스 문제에 관한 것입니다. 타르벨라 댐은 언급되지 않을 가능성이 큽니다. 그러나 그 전력의 원천은 인식되지 않더라도 계속 작동합니다.

성령은 아버지나 아들보다 낮은 프로필을 가지고 있는 것처럼 보일 수 있습니다. 그러나 그의 능력은 부인할 수 없습니다.

요한복음 16:13-14에서 예수님은 성령의 성격을 어떻게 묘사하십니까?

．．．

．．．

이미지로 이해하기

성령은 자신에 대해 말하지 않습니다. 그러나 그는 어떤 모습일까요? 성경에서 성령을 상징하는 몇 가지 이미지를 살펴보겠습니다.

데살로니가전서 5:19에서 성령과 관련된 이미지는 무엇입니까?

．．．

．．．

요한복음 7:38-39에서 성령과 관련된 이미지는 무엇입니까?

....
....

요한복음 1:32에서 성령과 관련된 이미지는 무엇입니까?

....
....

2. 누가 성령을 받습니까?

도움을 주기 위해 오심

요한복음 16:7을 읽으세요. 이 구절은 성령에 대한 예수님의 견해를 무엇이라 말하고 있습니까?

....
....

예수님의 물리적 임재 대신 성령을 가지는 이점은 무엇입니까?

....
....

요한복음 7:38-39을 읽으세요. 성령은 누구에게 주어집니까?

....
....

39절에 따르면, 왜 성령이 이전에는 주어지지 않았습니까?

....
....

영적인 갈망, 영적인 질문과 분별력은 하나님의 성령이 일하고 있다는 신호의 일부분입니다.

성령이 누군가의 삶에서 일하고 있는지 어떻게 알 수 있습니까?

....
....

당신의 마음, 하나님의 집

만약 미국 대통령이 당신의 집을 방문한다고 하면 어떨까요? '외관 꾸미기'라는 말이 새로운 의미로 다가오지 않을까요? 철저히 청소를 하거나, 새 가구를 사거나, 미뤄 뒀던 방을 페인트칠할 수도 있겠죠. 모든 것을 최고 상태로 준비하려고 애쓰지 않을까요? 성경은 성령이신 하나님께서 당신의 집에 영원한 손님으로 계신다고 말씀합니다.

고린도전서 3:16을 읽으세요. 하나님이 우리 안에 거주한다는 진리에서 어떤 의미가 도출됩니까? 우리가 하나님의 성전이라는 것은 무엇을 의미합니까?

....
....

모두에게 해당되지 않음

누가 성령을 받지 못합니까?

요한복음 14:17에 따르면, 사람들이 성령을 거부하는 이유는 무엇입니까?

::
::

요한복음 5:39-40에서 예수님은 사람들이 하나님에 대해 알 수는 있지만 영생을 받지 못할 수 있다고 설명하십니다. 왜, 어떤 사람들은 성령이 주시는 생명을 받지 못하는 걸까요?

::
::

고린도전서 2:14-16을 읽으세요. 성령을 가진 사람과 가지지 않은 사람의 차이점을 설명하세요.

::
::

3. 성령은 무엇을 하십니까?

성령은 불처럼 강력하고, 물처럼 생명을 주며, 비둘기처럼 온화하며, 하나님의 기름 부음을 가져옵니다. 우리는 이 성령에 대해 더 많이 알아야 합니다.

성령의 사역에는 세 가지 주요 측면이 있습니다. 첫째, 예수 그리스도를 증거하고, 둘째, 그리스도의 구속 사역을 인간의 마음에 적용하며, 셋째, 믿는 자들의 삶에서 그리스도를 닮아 가도록 개인적이고 점진적으로 일하십니다. 이제 우리는 성령이 누구인지 알았고, 그분이 모든 신자에게 임하신다는 것을 알게 되었습니다. 그렇다면 성령께서는 구체적으로 무엇을 이루려고 하시는 걸까요?

요한복음 14:26을 읽으세요. 성령의 목적은 무엇입니까?

....
....

예수님과 성령의 관계를 어떻게 요약하겠습니까?

....
....

요한복음 16:7-15을 읽으세요. 이것은 우리와 무슨 상관이 있습니까?

....
....

13절에서 성령이 우리를 위해 무엇을 할 것이라고 말합니까?

....
....

14-15절에서 성령에 대한 놀라운 주장은 무엇입니까?

....
....

고린도전서 2:10-16은 이 아이디어를 더욱 발전시킵니다. 10-11절에서 어떤 독특한 능력을 언급합니까?

....
....

13절에 따르면, 성령이 우리에게 주는 것은 무엇입니까?

....

....

사도행전 1:8에 따르면, 성령이 우리에게 가져다주는 속성은 무엇입니까?

....

....

"온전한 영성은 성경적 진리와 건전한 교리에 기초한 지식, 하나님과의 개인적인 경험을 통해 성장하는 성품, 그리고 다른 사람들을 섬기는 데 필요한 은사와 기술을 개발하는 것을 포함합니다. 한 사람이나 그룹이 이 세 가지 영역 중 하나를 소홀히 할 때 왜곡이 불가피합니다." – 켄 보아, 《그의 형상을 닮아》

어떻게 균형을 유지할 수 있을까요?

Knowing — 영과 동기
Being — 은사와 사역
Doing — 열매와 나타남

모두를 위한 은사

성령은 사람들을 하나님께 처음으로 이끌 뿐만 아니라, 믿는 자들을 예수님께 더 가까이 이끌어 줍니다. – 프랜시스 챈, 목사, 작가

성령은 또한 놀라운 은사를 분배합니다. 아래의 표에는 그중 일부가 나열되어 있습니다. 은사는 종종 다양한 방식으로 정의되고 그룹화됩니다. 여기에 성령이 믿는

자들에게 주는 은사를 보는 한 가지 방법이 있습니다.

	말하는 은사
예언	성경적 진리를 말함 (롬 12:6; 고전 12:28; 엡 4:11)
가르침	진리를 실용적으로 제시함 (롬 12:7; 고전 12:28; 엡 4:11)
	섬기는 은사
섬김	다른 사람들을 돕기를 원함 (롬 12:7)
기부	관대하게 기부함 (롬 12:8)
행정	잘 조직하고 생산적임 (고전 12:28)
도움	필요를 채우기를 원함 (고전 12:28)
	관계적 은사
격려	다른 사람들을 세우고 강화함 (롬 12:8)
리더십	다른 사람들을 동기 부여함 (롬 12:8)
자비	동정심이 많고 관대함 (롬 12:8)
목양	돌보고 양육함 (엡 4:11)
전도	복음을 전할 열정 (엡 4:11)

당신의 영적 은사를 아직 확인하지 않았다면, 어떤 영적 은사가 있는지 알아 보세요. 당신의 은사를 주님을 위해 어떻게 사용할 수 있을지 생각해 보세요.

베드로전서 4:10-11을 읽으세요. 이 구절들을 통해 영적 은사에 대해 무엇을 배울 수 있을까요?

....
....

4. 성경과 함께 살며 동행하는 방법

집 정리하기

손님이 무기한으로 당신의 집에 오셨습니다. 이는 그가 당신 가정의 영구적인 일원이 되었다는 의미입니다! 손님을 맞이하기 위해 당신은 집을 완전히 재정비하기 시작합니다. 성령도 마찬가지입니다. 하나님은 이제 당신의 몸을 그의 성전으로 간주하십니다. 우리는 예배 장소와 체육관 등에서 다르게 행동할 것입니다.

로마서 12:1-21을 읽으세요. 1절에 따르면, 우리는 그의 '성전'에서 어떤 종류의 제사를 드려야 합니까?

....
....

3-8절은 우리 안에서 우리의 하나님과 다른 사람들에 대한 섬김에 성령의 임재가 어떻게 영향을 미쳐야 한다고 암시합니까?

....
....

9-21절을 읽으세요. 성령 충만한 삶을 사는 방법을 얼마나 찾을 수 있습니까? 이 중 어떤 것을 당신의 삶에 적용해야 할까요?

....
....

신선한 제철과일

당신이 친구의 집에서 오랜 시간을 보내는 여행을 계획하고 있다면, 아마도 당신은 그 친구에게 선물을 가져갈 것입니다. 이는 사려 깊은 손님이 하는 일입니다. 당신은 심지어 상대의 독특한 필요와 취향까지 고려할 수도 있습니다.

누군가가 당신 집에 다녀갔음을 알게 된 적이 있나요? 아마도 룸메이트나 배우자가 남긴 흔적들이 있을 것입니다. 성령도 흔적을 남깁니다. 그러나 그 흔적은 훨씬 더 좋습니다! 은사와 혼동되지 말아야 할 이 흔적(증거)은 그가 우리 안에 거주하는 그의 성품의 표현입니다. 그가 왔을 때 가져오는 표현(은사)들은 그의 임재의 주요 증거 중 하나입니다. 그는 진정으로 그가 머무는 곳의 주변 환경을 개선하는 손님입니다.

갈라디아서 5:19-25을 읽으세요. 성령의 열매를 나열하고 19-21절의 목록과 비교해서 설명해 보세요.

바울이 22-23절의 목록을 '열매'라고 부르는 이유를 무엇이라고 생각합니까?

"성령으로 행하라"는 구절은 무슨 의미일까요?(25절)

예수님의 제자들은 그가 떠나는 것이 그들에게 더 좋다는 말을 들었을 때 충격을 받았을 것입니다. 그러나 우리는 예수님이 한 말이 무엇을 의미하는지 압니다. 성령의 임재는 그리스도가 우리 안에 산다는 것을 의미합니다. 우리는 어디를 가든 그의 마음, 그의 인도와 그의 능력을 항상 가지고 있습니다. 그럼에도 불구하고, 우리는 서로가 필요합니다. 성령은 우리를 함께 모아 그리스도의 몸이 되게 하고 서로를 세우기 위해 은사를 줍니다. 사실, 우리는 계속해서 성령으로 행하는 법을 배우고 있습니다.

성령에 대해 가장 격려가 된 진리는 무엇입니까? 대답을 설명해 보세요.

....

....

듣기: THE WORK OF THE HOLY SPIRIT BY KEN BOA
듣기: INTRODUCING THE HOLY SPIRIT BY STEPHEN DAVEY

성구 암송

"오직 성령의 열매는 사랑과 희락과 화평과 오래 참음과 자비와 양선과 충성과 온유와 절제니 이같은 것을 금지할 법이 없느니라"(갈 5:22-23).

관련 자료

Forgotten God, Francis Chan

Satisfied by the Promise of the Spirit, Thomas R. Edgar

The Wonderful Spirit Filled Life, Charles Stanley

The Benefits of Spiritual Gifts

Spiritual Gifts Assessment

Scripture Memory Verses, Book 2

더 깊이 들어가기

이 섹션은 도전적인 질문, 오디오 추천, 자기 성찰 연습을 통해 조금 더 깊이 나아갈 수 있도록 돕기 위한 것입니다. 이 섹션은 선택 사항이므로 모두 사용하거나 일부를 사용하거나 또는 전혀 사용하지 않아도 됩니다.

생각하기: 갈라디아서 5:24에 따르면 그리스도를 믿는 사람은 무엇을 했다고 말합니까? 성령은 어떻게 당신을 돕고 있습니까?

관찰하기: 다섯 명에게 성령을 한 문장으로 묘사해 달라고 요청하세요. 그중 몇 명이 명확한 설명을 했습니까? 몇 명이 혼란스러운 대답을 했습니까?

고려하기: 에베소서 4:23-32을 읽으세요. 하나님이 당신의 삶에 의도하신 새로운 태도와 접근 방식을 나열하세요. 30절에 따르면 '성령을 슬프게 한다'라는 것은 무엇을 의미한다고 생각합니까?

인 치심은 하나님이 우리에게 주시는 약속 표시입니다. 성령님이 우리 안에 계시다는 것은 하나님이 우리를 특별히 선택하셨다는 뜻입니다. 이 말에 대해 당신은 어떤 생각이 드나요?

06 하나님과의 소통

어떤 사람들은 이렇게 말합니다.

"나는 유나이티드 스테이츠 호의 갑판원들이 뉴욕 항구에 그 배를 정박시키는 것을 지켜보았습니다. 먼저 그들은 부두의 남자들에게 밧줄을 던졌습니다. 그다음, 배 안에서 강력한 모터가 작동하여 거대한 케이블을 당겼습니다. 하지만 이상하게도 부두가 배로 끌려오지 않았습니다. 배가 부두로 끌려왔습니다. 기도는 하나님과 인간을 함께 당기는 밧줄입니다. 그러나 그것은 하나님을 우리에게 끌어내리지 않습니다. 그것은 우리를 그분에게 당깁니다." - 빌리 그레이엄, 전도자

"모든 것이 하나님에게 달려 있는 것처럼 기도하십시오. 모든 것이 당신에게 달려 있는 것처럼 일하십시오." - 성 어거스틴, 신학자

"기도는 우리가 하나님을 변화시키기 위한 수단으로 설계된 것이 아닙니다. 그것은 하나님이 우리를 변화시키기 위한 시간입니다." - 리처드 블랙커비, 작가

비극적인 단절

대부분의 부모들은 신생아 자녀가 말하는 첫 단어를 기대하며 첫 번째 생일쯤에는 그 기대의 보상을 받습니다. 얼마 지나지 않아 더 많은 단어와 문장 조각들이 이어지고, 결국에는 완전한 문장이 됩니다. 일상에서 긴 문장으로 떠들어 대는 때가 되면 엄마나 아빠가 얼마간의 침묵을 원할 수도 있지만, 부모는 여전히 자녀의 목소리를 듣는 것을 사랑합니다.

그래서 자폐증은 매우 가슴 아픕니다. 자폐아 부모들은 소통의 갈망이 충족되지 않는 경우가 많습니다. 엄마와 아들, 아빠와 딸 사이에서 흔히 오가는 장난스러운 말과 웃음이 가득한 대화는 자폐증이 있는 경우에는 보통 찾아보기 어렵습니다. 침묵은 종종 이 질환의 비극적인 특징이 되며, 그 침묵은 일반적인 방법으로는 깨트릴 수 없습니다.

오늘날 부모, 교육자 및 의료 전문가들은 자폐증에 대한 인식을 높이기 위해 열심히 노력하고 있습니다. 의사들은 조기 발견을 위한 검사를 위해 정부에 로비를 벌이고 있습니다. 교육자들은 자폐 학생들을 위한 특수학교와 프로그램들을 시도하고 있습니다. 그리고 상처받고, 사랑하며, 창의적인 부모들은 자폐증이 가족들에게 덜 힘든 길이 되도록 하기 위해 할 수 있는 모든 것을 하고 있습니다. 동물 체험 농장, 동물 보조 프로그램, 책과 웹사이트 등도 도움을 줍니다. 그러나 가장 큰 차이를 만드는 것은 부모들입니다. 왜냐하면 그들이 가장 깊이 사랑하고 신경 쓰는 사람들이기 때문입니다.

"나는 다른 어디로도 갈 수 없다는 깊은 확신에 사로잡혀, 수없이 무릎을 꿇을 수밖에 없었습니다." - 에이브러햄 링컨, 미국 대통령

우리는 연결을 위해 창조되었습니다

우리는 모두 기도가 하나님과의 소통임을 알고 있습니다. 우리는 기도에 관해 공부하고, 이야기하고, 설교를 듣습니다. 그러나 솔직히 말하면 기도가 실제로 얼마나 어려운지 모두 인정할 것입니다. 우리는 목록을 만들고, 시계를 맞추고, 앱을 다운로드하여 기억하려고 하지만 여전히 기도는 쉽지 않습니다. 심지어 무릎을 꿇고… 잠이 듭니다. "당신을 위해 기도할게요"라고 말하지만 잊어버립니다. 우리에게 무슨 문제가 있는 것일까요?

죄의 비극적인 영향 중 하나는 하나님과의 소통을 방해한다는 것입니다. 크리스천으로서 우리는 우리의 침묵이 하나님 아버지에게 걱정을 드린다는 것을 느낄 때가 있습니다. 이러한 인식은 기도를 더 어렵게 느껴지게 만들 수도 있습니다. 하지만 좋은 소식은, 하나님은 세상의 어떤 아버지보다도 더 자비로운 분이라는 사실입니다. 그렇습니다! 하나님은 우리가 말하는 것을 듣고 싶어 하시지만, 동시에 우리가 그분께 간단한 말 한마디조차 전하기 어려워할 때가 있다는 것도 이해하십니다. 그분은 우리를 대화할 수 있는 존재로 창조하셨고, 그 기본적인 본능을 회복하게 하고 치유하는 것이 그분의 계획입니다.

혹시 우리가 기도를 단순한 훈련으로 여기고 있지는 않은가요? 기도는 단순한 훈련 그 이상입니다. 우리가 우주의 창조주와 자유롭게 소통할 수 있는 방법입니다.

당신의 연결 상태는 어떻습니까?

다음 중 어느 항목이 당신과 하나님과의 기도 관계를 가장 잘 설명합니까?
- 우리는 하루 종일 소통합니다.
- 우리는 매일 체크인합니다.
- 우리는 때때로 연락합니다.
- 나는 연락을 잘 하지 않습니다.
- 나는 번호를 잃어버렸습니다.
- 기타

> 핵심 주제
>
> 1. 기도의 필수 요소는 무엇입니까?
> 2. 기도의 유익은 무엇입니까?
> 3. 우리는 누구를 위해 기도합니까?
> 4. 하나님과 시간을 보내는 방법

1. 기도의 필수 요소는 무엇입니까?

기도의 중요성

하나님께서는 말씀을 통해, 그리고 그분의 아들을 보내심으로써 우리 사이의 침묵을 깨셨습니다. 기도의 훈련은 하나님과 우리 사이에 허락된 개인적인 소통을 친밀하게 추구하고 실천하는 과정입니다.

리처드 포스터의 《영적 훈련의 축제》(Celebration of Discipline)에 따르면, 진정한 기도는 생명을 창조하고 변화를 가져옵니다. 하나님 아버지께서 소통을 시작하셨으며, 기도는 이에 대한 우리의 응답입니다. 기도는 기적적인 연결을 의미하지만, 동시에 배움과 훈련이 필요합니다.

종종 로맨틱한 관계의 초기에는 사랑에 빠진 사람들 사이에서 소통이 자연스럽고 자유롭게 흐릅니다. 사실, 사랑에 빠진 연인을 볼 때면 관계를 위해 노력해야 할 순간이 올 것이라고 상상하기 어렵습니다. 그러나 초기의 설렘이 사라질 때쯤에는 훈련과 노력이 필수적으로 다가옵니다. 기도도 이와 비슷합니다. 어느 순간, 기도가 사랑하는 사람과의 친밀한 시간이기보다는 단순히 해야 할 일을 처리하는 것처럼 느껴질 수 있습니다. 우리가 하나님의 임재를 느낄 수 없을 때, 훈련은 대화를 이어가는 끈 역할을 합니다.

왜, 언제, 어떻게

히브리서 4:16에 따르면 우리는 왜 기도해야 합니까? 어떤 태도로 기도해야 합니까?

....
....

기도하는 것이 당신에게 어떤 차이를 만듭니까?

....
....

데살로니가전서 5:17에 따르면 우리는 언제 기도해야 합니까?

....
....

실질적으로 이것은 무엇을 의미합니까?

....
....

기도란 무엇입니까? 기도는 행동이라기보다는 태도—하나님에 대한 의존의 태도입니다. 피조물의 약함, 나아가 무력함의 고백입니다. 우리의 필요를 인정하고 그것을 하나님 앞에 펼치는 것입니다. 이것이 기도의 전부라고 말하는 것은 아닙니다. 그러나 이것은 기도의 본질적이고 기본적인 요소입니다. 따라서 기도는 하나님에게 지시하는 것의 정반대입니다. 기도하는 사람은 거룩한 뜻에 순종합니다. 거룩한 뜻에 순종한다는 것은 주님께서 자신의 주권적 의지에 따라 우리의 필요를 채워 주시는 것에 만족한다는 것을 의미합니다. 그래서 우리는 말합니다. 영으로 드리는 모든

기도는 반드시 하나님으로부터 반응이나 응답을 받습니다." - A.W. 핑크, 하나님의 주권

시편 62:8은 우리가 어떻게 기도해야 하는지에 대한 설명을 제공합니다. 그 명령을 당신의 말로 다시 서술해 보세요.

....
....

다음 구절을 찾아보고 각 구절이 기도와 어떻게 관련이 있는지 기록해 보세요.

시편 38:18

....

시편 46:10

....

마태복음 21:22

....

요한복음 15:7

....

요한복음 16:24

....

06. 하나님과의 소통

에베소서 5:20

....

야고보서 1:5

....

야고보서 4:3

....

요한일서 5:14-15

....

쉬지 말고 기도하라는 것은 불가능해 보이지만, 이는 호흡과 동시에 생각하는 것과 비슷합니다.

응답되지 않은 기도는 무엇인가요? 어린아이들은 부모가 자녀에게 주기에는 적절하지 않다고 생각하는 많은 것들을 요청합니다. 우리의 하늘 부모인 하나님은 우리의 필요와 그것이 어떻게 충족되어야 하는지를 우리보다 훨씬 더 잘 아십니다. 모든 사람은 긴급하거나 절박한 상황에서 기도했지만 요청한 것을 받지 못한 적이 있을 것입니다. 우리는 이를 '응답되지 않은 기도'라고 부르지만, 사실 더 정확하게는 우리가 원하는 것과 다른 답을 받은 것입니다. 하나님은 모든 기도에 응답하십니다. 성숙한 크리스천은 그 답변을 더 잘 이해하기 위해 하나님께 더 가까이 다가가려고 합니다.

기도의 모범

예수님의 친구들은 예수님께 기도를 가르쳐 달라고 요청했습니다. 마태복음 6:9-13에서 그분은 우리에게 모범 기도를 주셨습니다. 그 기도를 주의 깊게 연구하세요.

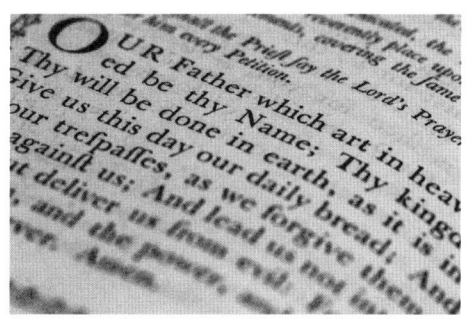

이 기도에서 예수님의 하나님 관련 요청 목록을 열거해 보세요.

……………………………………………………
……………………………………………………

예수님의 개인적 요청 목록을 나열하세요.

……………………………………………………
……………………………………………………

예수님이 이런 특정한 순서를 사용하신 이유는 무엇이라고 생각합니까?

……………………………………………………
……………………………………………………

예수님의 기도를 당신의 말, 생각 및 요청을 사용하여 다시 작성해 보세요.

……………………………………………………
……………………………………………………

단순한 대본이 아닙니다

우리는 기도를 하기 위해 훈련이 필요합니다. 어떤 날은 특히 더 그렇습니다. 그러나 훈련에는 위험도 있습니다. 그것이 자동으로 작동하는 습관으로 변질될 수 있기 때문입니다. 훈련은 역동적인 것을 정적인 구조로 바꿀 수 있는 위험이 있습니다. 우리의 마음을 하나님께 온전히 쏟아 내기보다는 성경을 마치 대본처럼 읽으며 기도할 수도 있습니다. 어떻게 하면 우리의 기도 생활이 무미건조해지는 것을 피할 수 있을까요?

로마서 8:26에 따르면, 누가 우리를 도와 기도하게 하며 어떻게 도와줍니까?

....

....

로마서 8:5가 기도와 관련하여 어떤 의미가 있을 수 있습니까?

....

....

2. 기도의 유익은 무엇입니까?

좋은 소통의 이점은, 소통이 없는 관계에서 일어나는 상황을 관찰함으로써 가장 잘 이해될 수 있습니다. 두 사람이 대화하지 않으면 서로를 알 수 없고, 갈등을 해결할 기초가 없으며, 관계를 심화시킬 수도 없습니다. 그들이 대화할 때 이 상황이 반대가 됩니다. 관계가 깊어집니다. 심지어는 다른 사람과의 상호작용 덕분에 개인 성장을 경험할 수도 있습니다. 하나님과 대화할 때, 우리는 그분을 더 잘 알게 됩니다. 우리의 관계는 더욱 깊어지고 성장합니다. 그러나 기도의 유익은 단순히 관계를 넘어서 훨씬 더 광범위하게 확장됩니다. 인간관계와 달리, 이것은 우주의 하나님과 맺는 연합입니다. 하나님과의 대화가 우리의 삶에 놀라운 영향을 미친다는 것은 당연한 일입니다. 우리의 기도를 통해 활성화되는 그분의 능력이 어떤 일을 할 수 있는지, 그 일부분을 알아보세요.

예레미야 33:3에서 기도할 동기를 찾을 수 있습니까?

....

....

시편 34:4에 따르면, 기도를 통해 하나님은 우리를 위해 무엇을 하십니까?

....

....

빌립보서의 저자 바울은 그의 상황에 압도될 수밖에 없었던 죄수였습니다. 빌립보서 4:6-7에서 그의 불안에 대해 어떻게 처방합니까?

....

....

우리가 이렇게 기도할 때 무엇을 기대할 수 있습니까?

....

....

하나님은 이미 모든 것을 아시는데, 왜 우리가 '모든 것'에 대해 기도해야 할까요?

....

....

당신의 삶에서 이 평화를 경험하고 싶은 한 가지 영역은 무엇입니까? 아래에 설명해 보세요.

3. 우리는 누구를 위해 기도합니까?

다른 사람을 위한 기도

성령이 관여하면 우리는 그분의 우선순위를 이해하고 다른 사람을 위해 기도하게 됩니다.

로마서 10:1에서 바울이 기도하는 특별한 그룹은 누구입니까?

마태복음 9:37-38을 읽으세요. 왜 예수님은 제자들에게 일꾼을 위해 기도하라고 요청하셨을까요?

디모데전서 2:1-4에 따르면, 우리는 누구를 위해 기도할 수 있습니까?

누가복음 6:28에 따르면, 우리는 어떤 사람을 위해 기도해야 합니까?

....

....

이것은 어렵습니다! 그런데도 왜 해야 할까요?

....

....

성경은 우리 자신이 우리의 기도의 효율성을 방해할 수 있음을 분명히 말하고 있습니다. 시편 66:18과 베드로전서 3:7은 이것에 대해 무엇이라고 말합니까? 효과적인 기도 생활을 유지하기 위해 우리는 무엇을 할 수 있습니까?

....

....

기록하세요

일정이 바쁘고 약속이 가득 차 있을 때, 당신은 할 일의 목록을 작성합니다. 한 가지라도 잊을 수 없기 때문입니다. 결국, 대부분의 의무는 궁극적으로 사람들에게 영향을 미칩니다. 당신이 집안일을 게을리하면 결국 가족이 피해를 입습니다. 당신의 청구서에 지불하는 것도 마찬가지입니다. 회의에 늦으면 다른 사람들이 불편해집니다. 그래서 당신은 그것을 기록하고 실행합니다.

마찬가지로 기도 생활도 다른 사람들에게 영향을 미치는 책임입니다. 매일 기도 시간을 정하고, 기도할 내용을 적을 수 있는 기도 노트를 준비하세요. 기도한 내용을 기록하거나 기도에 대한 응답을 기록할 수 있습니다. 그것이 흥미로운 일입니다. 당신의 기도 목록에는 다음 중 일부 또는 전체가 포함될 수 있습니다:

• 가족 구성원

- 비기독교인 지인
- 당신이 출석하는 목사
- 직장 사람들
- 어려운 관계에 있는 사람들
- 정부 당국자들
- 선교사 및 기독교인 근로자
- 개인적인 필요

Life On Life 기도 카드의 샘플입니다.

이 카드는 그리스도를 알 필요가 있는 사람들을 위해 당신이 기도하는 데 도움이 되는 도구입니다. 규칙적으로 기도하려는 사람들의 이름을 적으세요. 그리고 그들을 위해 기도하세요

영역 \ 단계	전도대상자(회복)	양육대상자(변화)	재생산자(사역)
가정			
일터			
CBMC			
커뮤니티			

CBMC Life On Life 사역 리스트
CONNECTING BUSINESS & MARKETPLACE TO CHRIST

기도하지 않을 수 없는 바쁨

"기도가 좋은 건 알지만, 시간이 잘 안 나요."

아마 우리 모두 한 번쯤은 이런 말을 해 봤을 것입니다. 하지만 사실 우리는 정말

중요하다고 생각하는 일에는 언제나 시간을 냅니다. 결국 우리의 일정은 마음이 어디에 있는지를 보여 줍니다. 무엇을 가장 소중하게 여기는지가 우리가 시간을 어떻게 쓰는지를 결정합니다.

누가복음 10:38-42에서 마리아와 마르다 두 여인의 대조적인 일상을 살펴보세요. 아래에 그들의 활동에 대한 관찰을 적으세요.

예수님은 그들의 접근에 어떻게 반응하셨습니까?

....

....

다른 사람과 마찬가지로 하루에 같은 양의 시간이 주어집니다.

당신이 하나님과 시간을 보내는 것을 가장 방해하는 활동 목록을 작성하세요.

....

....

이러한 방해를 극복하기 위해 구체적으로 무엇을 할 수 있습니까?

....

....

이 섹션에서 배운 가장 흥미로운 것은 무엇입니까? 당신의 기도 생활에서 기대하는 가장 큰 변화는 무엇입니까?

....

....

4. 하나님과 시간을 보내는 방법

경건의 시간

믿는 자들에게 열매 맺는 효과적인 경건의 시간을 갖도록 돕기 위한 많은 책과 자료들이 있습니다. 이 경건의 시간(QT)들은 많은 이들에게 일상의 영적 양식이 되었지만, 동시에 다른 많은 이들에게 제대로 하지 못한다는 죄책감을 느끼거나 열등감을 느끼기도 합니다. 우리의 목표는 당신에게 부담을 주는 것이 아니라, 하나님과의 친밀감을 깊게 하는 것입니다.

경건한 시간을 갖는 이유는 무엇인가요?

"너희는 내 얼굴을 찾으라 하실 때에 내가 마음으로 주께 말하되 여호와여 내가 주의 얼굴을 찾으리이다 하였나이다"(시 27:8).

하나님은 다윗에게 그분의 얼굴을 찾으라고 부르셨습니다. 하나님은 아버지가 자녀들과 함께하기를 원하는 것처럼 우리의 존재를 원하십니다. 이것이 우리의 동기입니다. 하나님과 함께하는 것입니다. 그분은 우리를 원하십니다! 조용한 시간은 우리 주님과의 만남입니다. 곧 그분의 말씀을 듣고, 그분을 부르고, 그분과 함께하는 시간입니다.

"내가 여호와께 바라는 한 가지 일 그것을 구하리니 곧 내가 내 평생에 여호와의 집에 살면서 여호와의 아름다움을 바라보며 그의 성전에서 사모하는 그것이라"(시 27:4).

다윗은 하나님께 한 가지를 원했습니다. 바로 하나님과 함께 있는 것, 하나님을 알고 사랑하는 것, 그분의 길을 깊이 생각하는 것입니다. 이것이 그의 마음의 갈망이었습니다. 갈망이었고, 또한 갈증이었습니다. 그것이 그의 최우선 과제였습니다.

"하나님이여 사슴이 시냇물을 찾기에 갈급함 같이 내 영혼이 주를 찾기에 갈급하니이다"(시 42:1).

경건의 시간(QT)이란 무엇입니까?

- 영으로 인도받고, 소망을 얻기 위해 하나님의 말씀을 묵상하고, 적용하는 시간(롬 10:17)
- 우리가 아직 모르는 것을 하나님으로부터 듣는 시간(렘 33:3)
- 잃어버린 자들을 위해 기도하는 시간(롬 10:1)
- 하나님께 기도하며 교제하는 시간

ACTS로 기도하는 시간: 찬양, 고백, 감사, 간구

많은 크리스천들은 ACTS라는 약어가 기도에 유익하다는 것을 발견했습니다. 이 글자는 찬양(Adoration), 고백(Confession), 감사(Thanksgiving), 간구(Supplication)를 의미합니다. 이것의 순서는 논리적입니다. 하나님을 찬양하고 경배함으로 모든 것을 조망합니다. 하나님께 집중하면 우리의 불완전함과 실패가 드러나며, 우리는 이것을 고백합니다. 이렇게 하면 하나님이 우리를 용서해 주시는 것을 알게 되며, 감사의 신선한 느낌이 들면서, 많은 축복에 대해 감사하기 시작합니다. 마지막으로, 성령의 도움으로 우리의 필요와 다른 사람의 필요를 적절히 요청할 수 있습니다.

ACTS는 할 일 목록이 아닙니다. 우리의 기도를 집중시키기 위한 지침입니다.

언제?

언제든지 원하는 때! 많은 사람들이 하루의 활동을 시작하기 전에 아침 일찍 주님을 만나는 것이 유익하다는 것을 발견했습니다. 많은 시편이 이를 격려합니다. 어떤 사람들은 저녁이 더 적합하다고 느낄 수도 있습니다. 어떤 시간이든 좋습니다. 중요한 것은 실행하는 것입니다. 그러나 하루를 놓쳤다고 죄책감을 느끼지 마세요.

일관성은 성장, 연습, 성숙함과 함께 옵니다.

어떻게?

10~15분이 시작하기에 현실적인 목표일 수 있습니다. 이 시간을 늘리고 하고 싶을 수도 있습니다. 이 시간을 다음과 같은 방식으로 보낼 수 있습니다.
- 5분 기도
- 5분 성경 읽기
- 5분 반영/묵상

방해가 없는 조용한 장소를 찾으세요. 생각하거나 깨달은 것을 쓰고 반영할 수 있도록 테이블, 책상 앞에, 또는 좋아하는 읽기 의자에 있을 수 있습니다.

시작을 위한 몇 가지 실용적인 제안

하루에 시편 다섯 편을 읽으면 한 달 동안 시편 전체를 읽을 수 있습니다. 또한 하루에 한 장씩 읽으면 한 달 동안 잠언을 읽을 수 있습니다. 하루에 15~20분만 읽으면 성경을 1년 안에 읽을 수 있도록 설계된 읽기 프로그램이 많이 있습니다. 또한 온라인에서 무료로 많은 읽기 계획을 찾을 수 있습니다.

책임 파트너를 찾아보세요. 당신이 하나님과의 시간, 필요, 상처, 기도 등을 솔직하게 이야기할 수 있는 사람과 함께 하세요.

현재 하나님과 시간을 보내는 계획이 있습니까? 없다면, 시작하기 위해 무엇을 할 것입니까?

....

....

듣기: LAYING TRACKS OF PRAYER BY TIM PHILPOT
듣기: MOVEMENT PRAYING BY PHILIP DECOURCY

> ## 성구 암송
>
> "아무것도 염려하지 말고 다만 모든 일에 기도와 간구로, 너희 구할 것을 감사함으로 하나님께 아뢰라 그리하면 모든 지각에 뛰어난 하나님의 평강이 그리스도 예수 안에서 너희 마음과 생각을 지키시리라"(빌 4:6-7).

관련 자료

Prayer: A Holy Occupation, Oswald Chambers

i Thank You God for most this Amazing E.E. Cummings

Letters to Malcolm: Chiefly on Prayer, C. S. Lewis

Prayer, Richard Foster

Celebration of Discipline, Richard Foster

Spiritual Disciplines for the Christian Life, Donald Whitney

Ten Most Wanted Card

더 깊이 들어가기

이 섹션은 도전적인 질문, 오디오 추천, 자기 성찰 연습을 통해 조금 더 깊이 나아갈 수 있도록 돕기 위한 것입니다. 이 섹션은 선택 사항이므로 모두 사용하거나 일부를 사용하거나 또는 전혀 사용하지 않아도 됩니다.

생각하기: 왜 하나님은 내 기도에 응답하실까요?

관찰하기: 프랭크 카프라의 고전 영화 〈멋진 인생〉을 보세요. 영화 초반 조지 베일리의 기도가 성경적인 기도 방법을 설명하고 있나요? 설명해 보세요.

고려하기: 마태복음 6:9-13(주님의 기도)을 가능한 한 많은 번역본으로 읽으세요. 예수님의 기도 모범에서 무엇을 더 배울 수 있습니까?

다른 사람들에게 우리의 이야기를 전하기

프린스턴 대학의 어떤 학생은 다음과 같이 자신의 고민을 털어놓았다고 합니다.

"나는 날마다 기도를 열심히 하며 성경을 읽고 암송까지 합니다. 학교의 신앙집회는

한번도 빠진 적이 없습니다. 하지만 한 사람도 내 전도를 받고 그리스도인이 된 사람은 없습니다. 저에게 무엇이 잘못되었을까요?"

아마 이 학생의 고민은 경건하게 살고자 노력하는 대다수 그리스도인이 겪는 공통된 고민들 중의 하나일 것입니다. - 한국컴퓨터선교회

사람들은 이렇게 말합니다.

"모든 신자는 증인이 되어야 합니다. 사실, 모든 신자는 원하든 원하지 않든 증인입니다. 우리의 믿는 바에 대해 인상이 다른 사람들에게 전달되기 때문입니다." - 도널드 그레이 반하우스, 목사

"우리가 소금통 안에만 머물러 있다면 어떻게 세상의 소금이 될 수 있겠습니까?" - 레베카 맨리 피퍼트, 작가

"항상 복음을 전파하십시오. 필요할 때는 이야기를 사용하십시오." - 성 프란치스코에게 귀속되는 말

"전도란 한 거지가 다른 거지에게 빵을 어디에 있는지를 알려 주는 것입니다." - D.T. 나일스, 선교사

"한 영혼의 구원은 세상의 모든 위대한 이야기나 슬픈 이야기의 창작과 보존보다 더 소중합니다." - C.S. 루이스, 교수 및 작가

좋은 이야기의 매력

배경과 등장인물은 다를 수 있지만, 이야기는 우리를 매료시킵니다. 우리의 학교가 농구 챔피언십에서 우승했든, 강아지가 새로운 재주를 부렸든, 전액 비용이 포함된 크루즈를 탔든, 식료품점에서 재미있는 일이 일어났든, 우리는 우리의 이야기를 나누고 싶어 합니다. 우리는 우리의 하루와 삶에 대해 이야기하고 싶어 하고, 우리를 아는 사람들은 대부분 우리의 이야기를 듣고 싶어 합니다.

말씀을 퍼뜨리다

우리는 모두 이야기가 있습니다. 어떤 이야기는 화려하고, 어떤 이야기는 매우 어렵고, 어떤 이야기는 평범합니다. 예수 그리스도를 알게 되었다면, 우리는 어쨌든 이야기를 가지고 있습니다. 우리가 어린 시절에 조용히 그리스도께 돌아왔든, 성인이 되어 방탕한 삶에서 극적으로 돌아왔든 관계없습니다. 이야기는 본질적으로 동일합니다. 죽었던 우리가 살아났다는 것입니다! 이보다 더 강력한 이야기가 있을까요?

"우리의 사역은 세상 속에서 현대적인 언어로 기독교 신앙을 전하는 것이지, 기독교적 언어로 세속적인 사상을 포장해 전달하는 것이 아닙니다. 이 차이를 혼동하는

것은 치명적인 결과를 초래할 수 있습니다." - J.I. 패커, 신학자 및 작가

핵심 주제

본 과에서는 복음을 공유하는 기술에 대해 논의하며 다음 네 가지 범주를 다룰 것입니다.

1. 나의 간증이란 무엇입니까?
2. 왜 다른 사람들에게 말해야 합니까?
3. 무엇을 말해야 합니까?
4. 누구에게 말해야 합니까?

1. 나의 간증이란 무엇입니까?

내 이야기 활용하기

"지금의 대화를 전환해서 그리스도에 대해 말할 수 있으면 좋겠다."
"더 많은 시간이 있다면 그리스도가 나에게 무엇을 의미하는지 말할 수 있을 텐데."
"누군가에게 그리스도를 받아들이도록 전할 수 있는 성경구절을 기억하면 좋겠다."
"바울이 여기 있다면 그가 그리스도인이 되는 방법을 정말 잘 설명할 수 있을 텐데."

그리스도를 나누는 기회가 생겼을 때 여러분의 마음속에 이러한 생각들이 떠올랐던 적이 있습니까? 미리 준비함으로써 일상적인 상황을 복음을 전하는 은혜로운 기회로 바꿀 수 있습니다.

"너희 마음에 그리스도를 주로 삼아 거룩하게 하고 너희 속에 있는 소망에 관한 이

유를 묻는 자에게는 대답할 것을 항상 준비하되 온유와 두려움으로 하고"(벧전 3:15).

어떤 주제이건 신중하게 준비하면 더 효과적으로 전달할 수 있습니다. 성령의 능력으로 신중하게 준비된 간증은 거의 모든 상황에서 즉각적이고 효과적으로 사용할 수 있습니다.

우리는 사람들이 그리스도를 알기를 원할 뿐만 아니라 개인적으로 그를 알기를 원할 만큼 그리스도를 간단 명료하게 그리고 매력적으로 제시하려는 바람을 가져야 합니다.

신앙을 효과적으로 전달하기 위한 필수 요소는 무엇일까요? 다행히도 하나님께서 우리에게 따라야 할 모델을 남겨 주셨습니다. 사도행전 26장에서 우리는 바울이 아그리파 왕 앞에서 간증하는 모습을 참고할 수 있습니다.

계속 읽기 전에 사도행전 26장을 읽으세요.

"회의론자는 당신의 교리를 부인하거나 당신의 교회를 공격할 수 있지만, 그는 당신의 삶이 변화되었다는 사실을 무시할 수는 없을 것입니다. 그는 설교자나 전도자의 호소에 귀를 막을 수 있을지 모르지만, 내면의 평안을 찾은 방법에 대한 당신의 인간적인 이야기에는 매료될 것입니다." - 찰스 스윈돌, 겨울 전의 오심

다음은 사도행전 26장의 원칙을 사용하여 자신의 간증을 개인화할 수 있는 몇 가지 방법입니다.

1) 정중한 소개

'…아그립바 왕이여, 오늘 당신 앞에서 나의 변호를 하게 된 것을 다행으로 여깁니

다…'(행 26:2, 3).

2, 3절에서 보인 바울의 접근 방식에 대해 설명하세요.

....
....

바울이 아그립바의 유대 관습에 대한 지식을 언급한 것처럼, 공통의 관심사나 동일성을 찾으세요. 친구에게 "너와 나는 많은 공통점을 가지고 있어. 내가 일을 시작했을 때, 겉으로는 좋아 보였지만 내면에는 많은 불만이 있었지"라고 말할 수 있습니다. 그 사람에게 자녀가 있다면 "오늘날의 세상에서 자녀를 키우는 것은 매우 도전적인 일입니다"라고 말할 수 있습니다. "내가 신앙이 없었다면 나는 완전히 길을 잃었을 거예요" 등의 다양한 상황에서 사용할 수 있는 여러 가지 대화 방법을 개발하세요.

2) 과거의 좋은 부분

'…나는 바리새인으로 살았다…'(행 26:4).

이 구절에서 바울의 전략은 무엇인가요?

....
....

단순히 '나는 죄인입니다'라고 말하면 사람들은 당신과 자신을 동일시하지 않습니다. 바울은 그의 종교적 관행으로 인해 존경받았다고 말했습니다. 그리고 도덕성, 교회 출석, 하나님에 대한 생각, 관대함과 같은 세속적인 관점에서 당신의 좋은 점을 간단히 언급하세요. 그리고 나서 세 번째 요점으로 이어 가면 됩니다.

3) 과거의 나쁜 부분

'…나는 예수의 이름에 적대적인 많은 일을 해야 한다고 생각했다…'(행 26:9-11).

바울은 그의 청중을 어떻게 흥미롭게 만들려 했나요?

....
....

예수님을 만나기 전에 당신의 삶을 괴롭혔던 특정한 것들, 예를 들어 증오심, 질투, 공허함 또는 교만 등을 언급하세요. "사람들이 나를 좋은 사람이라고 생각했지만, 나는 내 안에서 무슨 일이 일어나는지 알고 있었습니다"라고 말할 수 있습니다. 어쩌면 당신은 천국에 갈 수 없다는 두려움을 느꼈을지도 모릅니다. 많은 사람들이 이 점에서 당신과 동일시할 것입니다. 그들도 천국에 갈 것인지 확신하지 못하기 때문입니다.

4) 회심의 상황과 과정

'주님, 당신은 누구십니까?'(행 26:12-15).

바울이 그의 이야기에서 포함한 개인적인 세부 사항은 무엇이었나요?

....
....

당신의 이야기가 바울의 것과 비교하여 특색이 없다고 생각하지 마세요. 당신의 회심도 바울의 회심만큼 기적입니다! 당신의 간증은 흥미진진하지 않아도 되며, 단지 청중에게 현실적이어야 합니다. 하나님과의 개인적인 상호작용을 보여 주는, '나는 교회에서 앞으로 나갔다'와 같은 세부 사항은 피하세요. 대신, "목사님이 나에게 그리스도를 개인적으로 받아들였는지 물었을 때 그렇지 않다는 것을 알았고, 바로 지금이 그를 신뢰해야 할 때라는 것을 알았습니다"라고 설명하세요. 그리스도의 용서를 받은 정확한 시점을 모른다면, "예수님의 십자가의 죽음이 나의 구원을 제공한다는 것을 깨달았던 때가 있었습니다"라고 말할 수 있습니다. 태양이 정확한 순간에 떠오르는 것을 알고 있지만, 그것을 보지 못할 수도 있습니다. 당신의 이야기에서도 마찬가지일 수 있습니다. 정확히 언제 일어났는지 확신하지 못하지만, 일어났다는 것은 알고 있습니다.

5) 회심의 결과

'나는 하늘의 환상을 불순종하지 않았다'(행 26:19).

바울이 예수님을 만난 후 어떤 결과가 있었나요?

....

....

바울이 한 것처럼, 가장 두드러진 삶의 변화를 언급하세요. 그리스도 안에서 다시 태어난 결과를 보여 주세요. 현실적으로 접근하세요. 그리스도께서 모든 문제를 제거하신다는 의미의 말을 하지 마세요. 대신 그가 평안과 확신으로 문제를 해결할 수 있게 하신다고 말하세요.

6) 복음 메시지

'그리스도가 고난을 받아야 한다는 것과 그가 죽은 자 가운데서 부활하여…'(행 26:23).

바울은 그의 이야기에서 이것을 포함하는 것이 왜 중요했나요?

....

....

그리스도의 이야기(복음), 우리의 죄를 위한 그의 죽음과 그의 부활은 당신의 이야기에도 포함되어야 합니다. 그의 부활이 없었다면, 당신의 간증은 간증으로서 가치가 있는 이야기가 아닐 것입니다. 예수 그리스도를 주님과 구세주로 받아들이는 것이 당신의 삶에서 차이를 만들었다는 것을 강조하세요.

참고할 것이 있는데, 바울의 이야기 순서는 그가 처한 상황과 그의 대상을 반영한 것이라는 점입니다. 당신의 간증도 상황과 대상에 맞게 조정되어야 합니다.

7) 개인적인 호소(권면)

'당신도 나와 같아질 수 있기를…'(행 26:29).

그의 이름을 사용하여 그에게 관련된 질문을 하세요. "영철 씨, 당신은 그리스도를 개인적으로 생각해본 적이 있나요?" "제가 말한 것에 대해 마음속에 생각이나 어떤 질문이 있나요?"

바울은 사도행전 26:24-27에서 어떻게 그의 주장을 제시하나요?

....

....

2. 왜 다른 사람들에게 말해야 합니까?

말하기 전에 질문하고 들어라

다른 사람들과 신앙을 나눌 때, 그들을 알아 가는 것이 매우 중요합니다. 누군가를 만날 때, 그들에 대해 질문함으로써 진정한 관심을 보여 주세요. 당신의 이야기를 나누기 전에 그들의 이야기를 알아가는 것이 중요합니다. 주의 깊게 들을 때 사랑이 전달됩니다. 이는 공통의 기반을 찾고 수용성을 열어 줍니다. 그렇지 않으면 그들은 당신이 짜여진 대본을 낭독하는 것처럼 느낄 수 있습니다.

영적 대화(전도)를 시작하는 데 도움이 되는 질문을 몇 가지 생각해 보세요.

....

....

잘 준비하라

아마도 다음과 같은 말을 들어 본 적이 있을 것입니다. "종교는 개인적인 문제입니다." "아무도 자신의 믿음을 다른 사람들에게 강요해서는 안 됩니다." "당신은 믿고 싶은 것을 믿으세요, 하지만 나를 끌어들이지 마세요."

기독교인들이 신앙을 나누기를 주저하는 몇 가지 이유를 말해 보세요.

....

....

누가복음 9:26의 의미는 무엇인가요?

....

....

빌레몬서 1:6에서 신앙을 나누는 긍정적인 동기는 무엇인가요?

....

....

전하는 것을 멈추지 말라

우리는 복음을 나누도록 명령을 받았기 때문에 우리의 신앙을 나눕니다. 그것은 예수님의 승천 직전에 우리에게 주신 궁극적인 명령이었습니다. 그러나 우리는 또한 사랑으로 그렇게 해야 합니다. 구원은 다른 누구에게서도 찾을 수 없기 때문입니다(행 4:12).

우리는 친구들에게 우리가 발견한 풍성한 삶을 제공하고 싶어서 소식을 전합니다. 어떻게 시작해야 하나요?

....

....

3. 무엇을 말해야 합니까?

해야 할 말 찾기

혹시, 당신은 복음을 전하고 싶지만 먼저 신학교 학위를 얻어야 한다고 생각합니까? 성경은 모든 기독교인이 자신의 신앙을 나눌 수 있다고 가르칩니다. 그것은 실제로 어려운 학문이 아닙니다.

"진정한 제자는 그리스도에 대한 신앙을 나누는 데 열정적입니다." - 론 솔로몬

베드로전서 3:15-16을 읽으세요. 베드로의 전도 접근 방식은 무엇인가요?

....

....

우리는 왜 이러한 태도를 가져야 하나요?

....

....

준비가 중요하지만, 사도행전 1:8은 신앙을 나누거나 전도할 때 가장 중요한 요소를 보여 줍니다. 사도행전 1:8의 함축된 의미를 설명하세요.

....

....

기본적인 핵심

기본 메시지는 하나의 간단한 구절, 종종 '요약된 복음'이라고 불리는 요한복음 3:16에 들어 있습니다. 이 구절을 자신의 말로 재구성하고 설명하세요.

....

....

바울은 그가 가는 곳마다 복음을 전했습니다. 고린도전서 15:1-6은 그가 좋은 소식을 간단하게 설명한 것을 보여 줍니다. 그의 주요 요점을 써 보십시오.

....

....

그것이 그의 이야기이며 나도 고수할 이야기입니다

기본적인 복음 메시지는 결코 변하지 않습니다. 하나님은 우리를 사랑하시고, 우리는 그분의 기준에 미치지 못합니다. 그분은 사람이 되어서 우리의 형벌을 대신 겪으셨고, 그래서 우리는 그분께로 돌아갈 수 있게 되었습니다. 하지만 여러분의 이야기에는 또 다른 요소가 있습니다. 여러분이 그분의 이야기를 나누듯

07. 다른 사람들에게 우리의 이야기를 전하기 **111**

이, 여러분 자신의 실제 이야기도 나눠야 합니다. 그것을 여러분의 간증이라고 합니다.

아래의 세 가지 개요(이전, 어떻게, 이후)를 사용하여 주요 요점을 나열하세요. 더 자세히 쓸 때는 700~1,000단어 사이로 유지하세요. 이렇게 하면 구두로 전달할 때 3~5분 이내에 유지할 수 있습니다. 처음에는 간증을 구두로 하고 친구가 그것을 듣고 주요 포인트의 개요를 작성해 주면 도움이 됩니다. 이제, 당신의 이야기를 위한 준비가 되었습니다.

개인 간증문 작성과 전도나 양육 대상자 정하기

간증을 시작할 때, 하나님께 올바른 말과 접근 방식을 인도해 주시도록 기도하세요. 그가 그렇게 하실 것을 신뢰하세요. 간증은 당신의 이야기일 뿐만 아니라 그분의 이야기이기도 합니다.

1) 예수를 알기 전

예수님을 알기 전에 당신의 인생에서 개인적인 목표는 무엇이었습니까?

....
....

예수님과 개인적인 관계를 갖기를 고려하게 만든 것은 무엇이었습니까?(과거의 좋은 부분, 나쁜 부분)

....
....

기독교인이 되기 전에, 예수님과의 개인적인 관계에 대해 무엇을 알고 있었습니까?

....

....

어떻게 기독교인이 되는 방법을 배우거나 들었습니까?

....

....

기독교인이 되는 방법을 알았지만 결정을 미룬 적이 있다면, 무엇이 그 결정을 미루게 했습니까?

....

....

당신이 예수님께 당신의 삶을 드리기로 결정하게 만든 특정한 계기는 무엇입니까?

....

....

2) 어떻게

모든 사람은 그리스도에 대한 신앙에 이르는 고유한 이야기를 가지고 있으며, 모든 이야기는 동일하게 가치가 있습니다. 예수 그리스도를 믿게 된 과정을 설명하세요. 그 결정을 내린 순간을 기억한다면, 그 순간을 설명하세요. 당신은 누구와 함께 있었습니까? 어디에 있었고, 언제 그 일이 일어났습니까?

정확한 순간을 기억하지 못한다면, 자신이 기독교인이라는 것을 알게 된 과정을 설명하세요. 그 과정은 얼마나 걸렸습니까? 그 과정에서 도움을 준 특정 사건이나 깨달음은 무엇이었습니까?

어릴 때 그리스도를 알게 되었다면, 인생 전반에 걸쳐 당신의 신앙이 어떻게 발전했는지 이야기하세요. 신앙을 의심했던 때가 있었나요? 어떤 시점에서 크게 성장한 때가 있었나요?

어떻게 예수님을 알게 되었는지, 그 과정이 어떠했는지 설명하세요.

....
....

3) 예수를 믿은 이후

예수님을 당신의 삶에 초대했을 때, 그 순간에 무엇을 인식했습니까?

....
....

예수님이 당신의 삶에 들어오셨을 때, 당신의 어떤 특정한 필요를 충족시키셨습니까?

....
....

그 후 며칠, 몇 주, 몇 달 동안 당신의 삶에서 어떤 변화가 있었습니까?

....
....

간증 작성에 도움이 되는 힌트

이제, 이 질문과 답변을 자원으로 사용하여 별도의 종이에 간증을 작성하세요. 완벽할 필요는 없습니다. 초안을 작성하고 시간에 따라 계속 작업할 수 있습니다.

1) 먼저 하나님께 기도하고 그를 통해 말하게 해달라고 요청하세요. 글을 쓸 때 지혜를 주시고 인도해 주시기를 요청하세요.
2) 다음의 세 가지 개요를 따르세요,
   - 그리스도를 알기 전의 삶
   - 그리스도를 알게 된 과정(구체적으로)
   - 그리스도를 받아들인 후의 삶(그가 만든 변화, 현재 그가 당신에게 의미하는 것)
3) 흥미를 끄는 주의 집중할 문장으로 시작하고 좋은 결론으로 마무리하세요. 관련된 개인적인 경험을 포함하세요.
4) 다른 사람들이 당신의 과거와 현재 경험에 공감할 수 있도록 이야기하세요.
5) 흥미를 유발할 만큼의 세부 정보를 제공하세요.
6) 성경 구절을 사용하세요.
7) 다음의 것들을 피하세요.
   - 부정적인 방식으로 사람이나 조직을 표현하는 발언
   - 교단에 대한 언급
   - 사람들에게 설교(이것은 간증이지 '설교'가 아닙니다.)
   - 고정관념이나 과도하게 사용된 용어
   - 비기독교인에게 생소한 단어의 사용(예: '구원', '구원받다', '거듭나다', '성화' 등. 이러한 유형의 단어를 사용해야 한다면 명확하게 설명되어야 합니다.)
8) 그룹 상황에서도 개인과 함께 나눌 수 있도록 간증을 준비하세요.
9) 주제를 중심으로 간증을 작성하세요. 비기독교인에게 일반적으로 흥미로운 삶의 특성을 중심으로 작성하세요. 예를 들면, 개인적인 성공(과거와 현재의 관점), 인생 목표 등이 있습니다.
10) 다른 사람들이 그리스도를 믿는 방법을 알 수 있도록 세부 정보를 충분히 제공하세요.

11) 영원한 생명에 이르는 유일한 길로서 그리스도가 강조되도록 하세요. 이 점이 간증에서 명확하게 전달되도록 하세요.

12) 간증문 작성이 끝나면, 간증을 나누고 싶은 사람의 이름을 전도 대상자 카드에 작성하세요. 정기적으로 다음 내용의 기도를 하세요.
- 그들의 마음을 준비시키도록
- 그들에게 민감성을 갖도록
- 복음을 나눌 기회를 갖도록

4. 누구에게 말해야 합니까?

사람이 너무 많은데 시간은 너무 적다

우리는 하루에 여러 사람들을 만납니다. 직장에서, 식당에서, 비행기에서, 가게 등지에서 아마 생각보다 더 많은 사람들을 만날 것입니다. 우리는 언제 그리고 누구와 복음을 나눌 수 있을까요?

하루 24시간 증언할 수 있는 방법이 있습니다! 마태복음 5:16에 따르면 그것은 무엇인가요?

'빛을 비추게 하라'는 무엇을 의미하나요? 베드로전서 2:12의 답변을 참고하세요.

신앙을 나누는 세 가지 수준(단계)

1) 깃발 올리기
2) 신앙 이야기
3) 간증

불신자와 예수 그리스도에 대하여 나눌 때는 순간에 민감한 것이 중요합니다. 성령님이 적절한 때에 당신에게 할 말을 주실 것입니다. 하지만 무엇을 말하고 얼마나 많이 나눌지는 그 사람을 얼마나 잘 알고 있는지와 당시의 상황에 따라 달라집니다. 강력한 간증이 비효율적일 때도 있습니다.

아래는 신앙을 나눌 수 있는 몇 가지 방법입니다.

1) 깃발 올리기

깃발은 그것을 올리는 사람의 신앙을 분명히 전달합니다. 일상적인 대화에서 기도 응답을 받았다거나 최근에 하나님께서 문제를 해결하셨다는 언급을 통해 신앙의 깃발을 올리는 것이 쉽고 접근하기 쉽습니다. 목사님의 설교에서 좋은 예화를 언급하는 것도 좋습니다. 이러한 부드러운 '깃발'은 당신의 신분을 기독교인으로 확립합니다.

깃발 올리기 원칙:
- 대화의 자연스러운 과정으로 일어나야 합니다.
- 30초 이상 걸리면 너무 많이 말하고 있는 것입니다.
- 그 목적은 당신이 어떤 종교 단체나 소속에 관한 것이 아니라 하나님 가족의 일원이라는 정체성을 확립하는 것입니다.

2) 신앙 이야기

신앙 이야기는 당신의 삶에서 하나님의 존재에 대해 더 직접적으로 이야기하는 방법입니다. 완전한 간증보다는 당신의 삶의 어떤 순간에 받은 하나님의 사랑과 은혜에 대한 일화입니다. 그분께서 어떻게 당신을 어려운 시기를 헤쳐 나가게 하셨는지, 어떻게 그분의 축복이 적절한 시기에 왔는지에 대한 이야기입니다. 훌륭하고 세련된 신앙 이야기는 주의를 끌고 마음문을 열어 줍니다.

신앙 이야기 원칙:
- 성경적 진리가 당신의 삶에 영향을 미쳤던 짧은 이야기를 사용하세요.
- 그것의 목적은 불신자에게 갈망을 불러일으키는 것입니다.

예시: 성경에서 비즈니스에 대한 새로운 것을 배우는 것
성경을 기반으로 일, 가족 또는 관계에 대한 결정 내리기

3) 간증

바울은 아그립바 왕 앞에서 자신의 간증을 준비하기 위해 감옥에서 많은 시간을 보냈습니다(행 26장). 그 결과는 부인하거나 공격할 수 없는 날카롭고 짧은 인생의 간증이 나왔습니다. 당신의 회심 이야기를 다듬는 데 시간을 투자해야 합니다. 이것은 당신의 가장 귀중한 도구 중 하나이므로 다른 사람들에게 이야기하세요.

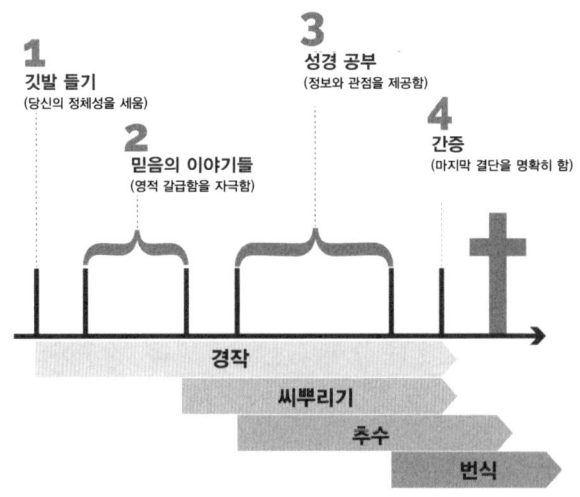

> **성구 암송: 다른 사람들에게 그리스도에 대해 할 말을 준비하기**
>
> "너희 마음에 그리스도를 주로 삼아 거룩하게 하고 너희 속에 있는 소망에 관한 이유를 묻는 자에게는 대답할 것을 항상 준비하되 온유와 두려움으로 하고 선한 양심을 가지라 이는 그리스도 안에 있는 너희의 선행을 욕하는 자들로 그 비방하는 일에 부끄러움을 당하게 하려 함이라"(벧전 3:15-16).

관련 자료

- Lifestyle Evangelism, Joe Aldrich
- Living Proof, Jim Petersen
- XEE - Sharing Your Faith Starts Here, Norman Geisler
- When Skeptics Ask, Norman Geisler
- Questioning Evangelism, Randy Newman
- 7 Principles of an Evangelistic Life, Douglas Cecil
- LivingProof, www.cbmc.com/LivingProof

더 깊이 들어가기

이 섹션은 도전적인 질문, 오디오 추천, 자기 성찰 연습을 통해 조금 더 깊이 나아갈 수 있도록 돕기 위한 것입니다. 이 섹션은 선택 사항이므로 모두 사용하거나 일부를 사용하거나 또는 전혀 사용하지 않아도 됩니다.

생각하기: 그리스도 안에서 죽음에서 생명으로의 용서와 변화를 경험했다면, 왜 그것을 나누는 것이 그렇게 어려운가요?

⋯⋯⋯

⋯⋯⋯

관찰하기: 허드슨 테일러, 데이비드 리빙스턴, 에이미 카마이클, 윌리엄 캐리, C.T. 스터드 등 유명한 선교사들의 이야기를 온라인에서 읽어 보세요.

⋯⋯⋯

⋯⋯⋯

고려하기: 어렸을 때 이야기를 읽는 것을 즐겼습니까? 이야기가 우리를 그렇게 사로잡는 이유는 무엇인가요?

⋯⋯⋯

⋯⋯⋯